Egon Petrowsky

Seerosen
für den Gartenteich

Experten-Rat für Kauf,
Pflanzung, Pflege, Vermehrung

Mit Tips für 40 winterharte Sorten

Mitarbeit: Renate Weinberger

Farbfotos: Friedrich Strauß
und andere Pflanzenfotografen
Zeichnungen: Marlene Gemke

W0173527

GU GRÄFE
UND
UNZER

VORWORT
INHALT

Worauf möchte im Gartenteich keiner verzichten? Auf Seerosen natürlich – die duftigen Schönheiten in Weiß, Rot, Rosa oder Gelb. Eine ist schöner als die andere. Für welche soll man sich bloß entscheiden? Nimmt man die, die einem am besten gefällt oder die riesige Blüten hat, kann man Enttäuschungen erleben, die sich aber leicht vermeiden lassen.

Worauf es bei der Auswahl und Pflege von Seerosen ankommt, erklärt der GU Seerosen Experte Egon Petrowsky in diesem GU Pflanzen-Ratgeber.

Im Praxis-Teil finden Sie alles Wichtige, was Sie über Auswahl, Kauf, Pflege und Vermehrung von Seerosen wissen müssen. Sie erfahren, daß es farbenprächtige Sorten gibt, die im Teich problemlos überwintern können – vorausgesetzt, sie sind in der richtigen Tiefe gepflanzt. Präzise Anleitungen, leicht nachvollziehbar und informative Zeichnungen vermitteln gärtnerisches Know-how – leicht verständlich auch für Gartenteich-Neulinge.

Der Steckbrief-Teil zeigt in wunderschönen Fotos 40 winterharte Seerosen-Arten und -Sorten. Dazu gibt es ausführliche Informationen über die richtige Pflanztiefe, das Aussehen der Blüten und Blätter sowie spezielle Pflanz- und Pflegetips. Alles in allem eine unentbehrliche Entscheidungshilfe für alle Seerosen-Freunde, die sich prachtvolle Pflanzen wünschen.

Viel Freude am Seerosen-Teich wünschen Ihnen Autor und GU Naturbuch Redaktion.

Nymphaea 'Escarboucle'.

Gartenteich mit Seerosen und Sumpf-Schwertlilien.

Der Autor

Egon Petrowsky befaßt sich seit vielen Jahren mit Pflanzung, Vermehrung und Pflege von Seerosen. Außerdem verfaßte er kulturhistorische Beiträge wie »Die Seerosenbilder des Claude Monet« und »Die Seerose im Spiegel der altägyptischen Kultur« für die Wassergarten-Journale des Arbeitskreises Wasserpflanzen und der Internationalen Seerosengesellschaft. Er übersetzt häufig Beiträge aus dem Journal der International Water Lily Society ins Deutsche.

Dank

Autor und Verlag danken Herrn Jörg Petrowsky, Sohn des Autors, Inhaber einer Seerosen-Gärtnerei, Mitglied internationaler Wasserpflanzen-Gesellschaften, für die Durchsicht des Manuskripts.

Die Fotos auf dem Umschlag

Umschlagvorderseite: *Nymphaea pgymaea* 'Alba'.
Umschlaggseite 2: Nymphaea 'Rembrandt'
Umschlagseite 3: Seerosen-Sortiment.
Umschlagrückseite: Seerosen-Teich.

Nymphaea 'Sioux'.

Majestätisch von der Blüte bis zur Wurzel

'Charles de Meurville'

Wer sich bisher nie für die Botanik oder gar die Züchtungsgeschichte einer Pflanze interessiert hat, wird sich bei den Seerosen dafür begeistern können. Denn daß es gelang die vielen farbenprächtigen Sorten zu züchten, ist ebenso ein kleines Wunder wie die Blüte der »Königin aller Wasserpflanzen«.

Ein wenig Seerosen-Geschichte

Im 11. Jahrhundert schreibt der chinesische Chronist Chou-Tun-I über die Seerose: »Seit den Anfängen der T'ang Dynastie galt es als vornehm, Päonien zu bewundern. Meine Lieblingsblume jedoch ist die Seerose. Wie makellos erhebt sie sich von ihrem schlammigen Untergrund. Wie bescheiden ruht sie auf dem klaren Wasser – ein Sinnbild von Reinheit und Wahrhaftigkeit. Ebenmäßig, vollkommen, ihren feinen Duft um sich verbreitend verharrt sie in unnachahmlicher Haltung, wie etwas, das man mit gebührendem Abstand und nicht durch vertrauliche Annäherung betrachtet.«

Ein beredtes Zeugnis für die Bewunderung und Hochachtung, die der Chronist der Seerose entgegenbrachte. Jedoch noch weitaus mehr geachtet und verehrt wurde die Blume von den antiken Kulturvölkern. Im alten Ägypten spielte die Seerose in der Religion, in der Kunst und im alltäglichen Leben der Menschen eine sehr bedeutende und vielseitige Rolle. Sie galt als Symbol der Weltschöpfung und als Sinnbild für die Wiedergeburt. Als Opfergabe

wurde sie bei religiösen Festen auf die Altäre der Gottheiten gelegt. Adlige überreichten als Zeichen der Freundschaft ihren Gästen zur Begrüßung Seerosenblüten. Frauen trugen die Blüten als Kopfschmuck. Zahllose Wandmalereien, Keramiken und vieles mehr legen Zeugnis von der Bedeutung der Seerose im alten Ägypten ab.

Im alten Griechenland erhielt die Seerose ihren bis heute gültigen botanischen Namen. Dort brachte man die Blüte den Nymphen als Devotionalie dar, woraus der Grieche Theophrastus, ein Schüler des Aristoteles, im 3. Jahrhundert vor Christus vermutlich den Namen *Nymphaea* ableitete.

In Europa hatte man bis zur Mitte des letzten Jahrhunderts wenig Interesse an der Seerosenblüte. Nur die Rhizome (Wurzelstöcke) nutzte man zu wirtschaftlichen Zwecken. In Deutschland mästete man damit die Schweine. In England verwendete man die Rhizome der Weißen Seerose (*Nymphaea alba*) zum Färben, in Frankreich zum Bierbrauen.

Wie die Zucht winterharter Seerosen begann

Daß Seerosen heute zu den beliebtesten Pflanzen in unseren Gartenteichen zählen, ist dem Franzosen Joseph Bory Latour-Marliac (1830 bis 1911) zu verdanken, dem wohl bisher erfolgreichsten Seerosenzüchter.

Marliac – so wurde er in der Folge wegen seines langen Namens genannt – war fasziniert von dem Gedanken, winterharte Seerosen zu kultivieren, nachdem in Europa Mitte des Jahrhunderts tropische Seerosen bekannt geworden waren. Es begann damit, daß in England 1849 ein seerosenartiges Gewächs vorgestellt wurde: die *Victoria amazonica* (später auch *Victoria regia* genannt) mit ihren bis zu 2 m breiten Blättern und Blüten, die einen Umfang von fast 1 m hatten.

1852 entstand durch Kreuzung die erste von Menschenhand geschaffene Hybride einer Seerose, allerdings einer tropischen Seerose. Sie war wie alle in den nächsten Jahren folgenden Hybriden nicht winterfest und konnte nur in den Tropenhäusern der botanischen Gärten bewundert werden.

Marliacs Erfolge

Die große Stunde für Marliac schlug, nachdem man in Schweden die winterharte rosarote *Nymphaea alba var. rosea* und in Mexiko die gelbe fast winterharte *Nymphaea mexicana* entdeckte.

Nach Jahren des vergeblichen Bemühens gelang ihm 1879 der Durchbruch. Unter Zuhilfenahme

Weiße Seerosen in einem Naturteich. Von alters her ist die Weiße Seerose (Nymphaea alba) bei uns heimisch. Leider sind natürliche Gewässer mit solch üppigen Beständen nur noch selten zu finden. ▷

Nymphaea marliacea 'Rosea' war die erste farbige Hybride, die der Züchter Marliac kultivierte.

der schwedischen *Nymphaea alba var. rosea* und der heimischen *Nymphaea alba* entstand die erste durch menschlichen Eingriff entstandene farbige winterharte Hybride: *Nymphaea marliacea* 'Rosea'.
Es folgten:
1880 *Nymphaea marliacea* 'Albida', 1887 *Nymphaea marliacea* 'Carnea' und *Nymphaea marliacea* 'Chromatella'.

Mit diesen ersten vier zur Marliacea-Gruppe gehörenden Hybriden gewann Marliac bei der Weltausstellung 1889 in Paris Medaillen und internationales Ansehen. Bis heute sind sie unangefochten die zuverlässigsten und immer wieder angepflanzten Sorten von Marliac, die durch ihr robustes Wachstum auch bei ungünstigen Standortbedingungen gedeihen.
Marliac gelang die Aufzucht von 68 Hybriden, das hat zu seinen Lebzeiten und auch danach kein anderer Seerosenzüchter geschafft.

Andere bekannte Züchter
Gemessen an den Erfolgen Marliacs waren die Ergebnisse anderer Züchter bescheidener. Schöne, zuverlässige Hybriden stammen zum Beispiel von den Amerikanern Richardson und Henry Dreer, dem Schweizer Froebel und dem Engländer Perry. In neuerer Zeit haben in Amerika vor allem Perry Slocum und Kirk Strawn gute Erfolge aufzuweisen. Auch der Engländer Reg Henley hat einige neue Sorten gezüchtet.

Der Zauber der Blüte

Bei der Seerose geht es vor allem um die Blüte. Fasziniert von ihrer Schönheit vergißt man dabei oft, daß die Blätter bei vielen Sorten auch ihre Reize haben. Seien sie nun matt oder glänzend, gefleckt oder marmoriert, hell oder dunkel – schön sind sie auch. Aber auch das Werden und Wachsen der Pflanze unter Wasser ist beeindruckend (→ PRAXIS Botanik, Seite 10 und 11). Doch Krönung für alle Seerosen-Liebhaber, die ihren Gartenteich mit der »Königin der Wasserpflanzen« schmücken möchten, ist zunächst einmal die Blüte – und über die gibt es eine Menge zu sagen.

Blütenfarben

Bestechend schöne Farben haben die winterharten Seerosen aufzuweisen. Die Farbskala reicht vom reinsten Weiß über Rosa bis zum dunkelsten Rot, vom Schwefelgelb über Chromgelb bis hin zu Orange und einem dunklen Kupferton. Und in fast jeder Farbe findet man zahlreiche Abstufungen.
Abgesehen von Grün fehlt nur der Farbton Blau. Trotz größter Bemühungen ist es bisher noch keinem Züchter gelungen, die begehrte winterharte »Blaue Seerose« zu kultivieren.
Am weitesten scheinen dabei die amerikanischen Züchter gekommen zu sein. Ihr Ehrgeiz ist so groß, daß es wohl nicht mehr lange dauern dürfte, bis uns die erste winterharte »Blaue« beschert wird.
Hinweis: Bei den manchmal im Handel angebotenen blauen Seerosen, handelt es sich immer um tropische Arten und Sorten, zum Beispiel *Nymphaea stellata* oder *Nymphaea* 'Daubenyana'. In unseren Gartenteichen blühen sie meist schlecht und sind in keinem Fall winterhart (→ Pflegetips für tropische Seerosen, Seite 24 und 25).

Blütenfarben verändern sich

Wundern Sie sich nicht, wenn eine Seerose nicht immer ganz die Farbe zeigt, die in der Beschreibung der Sorte oder auf einem Foto zu sehen ist. Zu den faszinierenden Eigenschaften der Seerosen zählt die Veränderung der Blütenfarbe. Dazu kommt es aus ganz unterschiedlichen Gründen:
Wetter und Standort: Temperaturschwankungen, vor allem aber anhaltend schlechtes Wetter können ebenso wie ungünstige Lebensbedingungen am Standort (zuviel Schatten) die sorteneigene Farbe beeinflußen. Rote Blütenblätter können dann heller, rosafarbene fast weiß werden. Verbessert sich das Wetter oder setzt man die Pflanze an einen idealen Standort, erscheinen die neuen Blüten wieder in der für die Sorte typischen Farbe.
Alter: Es gibt Sorten, die unabhängig vom Wetter allein aufgrund ihres Alters ihre Farbe verändern.
• Die farbenwechselnden Sorten zeigen ganz unterschiedliche Farben, so zum Beispiel die 'Sioux', die am ersten Tag hellgelb aufblüht, dann mit zunehmenden Alter zu Orange, über Karminrosa zum leichten Kupferrot wechselt (→ Seite 52).
• Manche einfarbigen Sorten werden in ihrer Jugend oder im Alter dunkler oder heller. *Nymphaea odorata* 'Rosennymphe' zum Beispiel hat am ersten Tag der Öffnung eine kräftig tiefrosa Farbe, am zweiten ist sie hellrosa und im Alter wird sie nahezu weiß (→ Seite 50).
Neupflanzung: Werden Seerosen neu gepflanzt, so hat dies bei manchen Sorten Einfluß auf die Farbe. Die karminrote 'Escarboucle' (→ Seite 48) zum Beispiel bringt mitunter zu Beginn der Blühsaison, vor allem nach der Neupflanzung (manchmal aber auch später noch), ein bis zwei mißfarbene Blüten in verwaschenem Weiß hervor.

Einige Sorten brauchen ein paar Jahre, bis sie ihre typische Farbe zeigen. Die Blüten der granatroten 'Attraction' (→ Seite 57) zum Beispiel sind nach der Neupflanzung von einem verwaschenen Rot, was oft zu Verwechslungen mit anderen Sorten führt. Ihre wahre Farbe erhält sie erst nach Jahren, wenn sie sich etabliert hat.

Blütenformen

Die Vielfalt der Blütenformen steht dem breiten Farbspektrum in Nichts nach. Wenn auch ein Großteil der Sorten eine tassen-, schalen- oder sternförmige Blüte trägt, so gibt es doch eine ganze Reihe von Varianten, die von becher- und kelchförmigen über kugel-, trichter- und tulpenförmige, ja sogar bis zu pfingstrosen- und chrysanthemenartigen Blüten reichen. Eine wichtige Bedeutung haben die Blütenformen für das Unterscheiden und Identifizieren der Sorten.

Blüten- und Kelchblätter

Mitbestimmend für das Aussehen einer Seerosen-Sorte ist auch die Zahl der Blütenblätter.
Blütenblätter: Die meisten Seerosen haben zwischen 18 und 25 Blütenblätter (Kronblätter). Doch manche besitzen weitaus mehr, man spricht dann von gefüllten, doppeltgefüllten oder ganz gefüllten Blüten:
• Zwischen 35 und 50 Blütenblätter haben die gefüllten wie die Sorte 'Hollandia'.
• Mehr als 50 Blütenblätter besitzen die doppeltgefüllten wie die Sorte 'Gonnère' (→ Seite 43).
• Auf mehr als 100 Blütenblätter bringen es die ganz gefüllten wie die recht seltene Sorte 'Gloire de Temple sur Lot'.
Kelchblätter: Alle Seerosenarten und -sorten besitzen 4 Kelchblätter.

Blütengröße

Von der »Riesen-« bis zur »Zwerg-« Blüte sind bei den winterharten Seerosen alle Größen vertreten.
- Die kleinsten haben einen Durchmesser von 2,5 cm wie *Nymphaea pygmaea* 'Helvola' (→ Seite 38).
- Die größten kommen auf einen Durchmesser von bis zu 25 cm wie die Sorte *Nymphaea tuberosa* 'Pöstlingberg'.(→ Seite 56).

Hinweis: Bei ungünstigem Standort oder anhaltend schlechtem Wetter kann die Blüte kleiner sein als für die Sorte typisch.

Blütenduft

Farbe und Duft sind in der Natur die Lockmittel der Blütenpflanzen für flugfähige Insekten, die eifrig von Blüte zu Blüte eilen und den Blütenstaub, der an ihrem Körper haften bleibt, auf andere Blüten übertragen und so für die Bestäubung sorgen. Bei vielen Seerosen-Hybriden ist diese Müh' umsonst, denn sie haben zwar viel Blütenstaub, sind aber unfruchtbar oder bringen nur selten keimfähige Samen hervor. Und dennoch haben viele Sorten einen Duft, der nicht nur Insekten, sondern auch uns Menschen betört. Angenehm im Duft sind alle Seerosen. Bei manchen ist er nur schwach ausgeprägt, bei anderen ist er stärker und als eine klare »Duftnote« zu erkennen. So duftet:
- *Nymphaea marliacea* 'Carnea' nach Vanille (→ Seite 57),
- 'Rose Arey' nach Anis (→ Seite 46),
- *Nymphaea laydekeri* 'Lilacea' nach Teerosen (→ Seite 41).

Blütezeit und Blütenfolge

Es gibt wohl kaum eine Pflanze, die während der warmen Jahreszeit so »in Bewegung« ist wie die Seerose. Blüten kommen und verwelken, schließen sich am Abend und öffnen sich wieder am Morgen. Fast jeden Tag gibt es etwas Neues an der Pflanze zu bewundern.

Blüten vom Frühjahr bis zum Herbst

Generell kann man sagen, daß die Blütezeit der meisten Seerosen in der Regel den Zeitraum zwischen Mitte/Ende Mai und etwa September umfaßt. Je nach Sorte, vor allem je nach Wetter gibt es Abweichungen.

Beginn der Blühsaison: War der Winter mild, beginnen manche Seerosen bereits im Februar auszutreiben. An den im Herbst gebildeten neuen Blattansätzen entwickeln sich die Blätter, treiben nach oben und schwimmen Ende März auf der Wasseroberfläche. Ähnlich verhält es sich mit den ersten Blüten. Bei einigen Sorten, die bereits im Herbst Blütenansätze gebildet haben, können bei günstigem Frühjahrswetter die Blüten schon Ende April erscheinen. In der Regel jedoch beginnt die Blühsaison Mitte bis Ende Mai.

Die Hochblüte: Im Monat Juni liegt die Hochblüte aller winterharten Arten und Sorten. Danach ebbt sie allmählich ab bis zum August, in dem es nochmals zu einer neuen verstärkten Blütenbildung kommt.

Ende der Blühsaison: Im September läßt der Blütenreichtum deutlich nach. Einige Sorten allerdings blühen sogar noch bis zum Eintritt des ersten Frosts, dazu gehören 'Escarboucle' und 'Princess Elizabeth'.

Blüte um Blüte

Während ihrer Blütezeit bringt eine Seerosen-Pflanze in regelmäßigen – je nach Sorte unterschiedlichen – Abständen ein bis zwei Blüten zur gleichen Zeit hervor. Nur bei einigen Sorten kommen mehrere Blüten gleichzeitig, zum Beispiel bei der Sorte 'Froebeli' und vor allem bei *Nymphaea laydekeri* 'Purpurata' Eines gilt für alle: Wenn sie sich an ihrem Standort wohl fühlen, erfreuen sie den Gartenteichbesitzer durch fortdauernde Blütenbildung.

Lebensdauer der Einzelblüte: Im Durchschnitt eine Woche hält sich eine Einzelblüte. Ihr Werden und Vergehen läßt sich besonders gut an den Staubblättern beobachten. Anfangs sind sie nach außen geneigt, so daß die Narbe ganz offen daliegt, dann stehen sie senkrecht und kurz vor dem Verblühen fallen sie in sich zusammen.

Blühwilligkeit und Wetter

Seerosen sind Sonnenkinder. Zum Leben und Gedeihen brauchen sie soviel wie möglich Sonne, genau wie das Wasser, das ihr Lebenselixier ist.

Ist es regnerisch und kühl, geht ihre Blühwilligkeit deutlich sichtbar zurück.

Bei anhaltend schlechtem Wetter öffnen sich manche Blüten nicht ganz oder kümmern vor sich hin. Die Knospen entwickeln sich oft nur langsam weiter und halten sich mit dem Blühen zurück.

»Wetterfeste« Ausnahmen gibt es aber auch. So lassen sich zum Beispiel die Sorten *Nymphaea* 'Froebeli' (→ Seite 42), *Nymphaea laydekeri* 'Purpurata' (→ Seite 40) und *Nymphaea odorata* 'Firecrest' (→ Seite 45) durch schlechte Witterung überhaupt nicht beeinflußen und blühen unverdrossen weiter.

Wie eine kleine Sonne leuchten die zahlreichen Staubblätter der Weißen Seerose einem entgegen.

Öffnungszeiten der Blüte

Ein kleines Naturschauspiel ist es, wenn die Seerosenblüten gegen Ende des Tages ihre Blüten schließen, um sie erst morgens wieder zu öffnen. Eine wissenschaftliche Untersuchung, die fundierte Auskunft gibt über die Reize, die das Öffnen und Schließen der Blüten bewirken, liegt leider bisher nicht vor. Aus Erfahrung weiß man jedoch, daß Wärme und vor allem die Lichtintensität dabei sicher eine große Rolle spielen.

Die Uhr kann man nach den Öffnungszeiten der Blüten nicht stellen. Je nach Sorte und auch Wetter können sie sehr unterschiedlich sein.
• *Nymphaea marliacea* 'Rosea', die heimische *Nymphaea alba*, 'Charles de Meurville' und 'Amabillis' zum Beispiel haben lange Öffnungszeiten. Sie öffnen ihre Blüten schon frühmorgens zwischen 7.00 und 8.00 Uhr und schließen sie relativ spät, etwa gegen 18.00 Uhr.

• Die rubinrote 'William Falconer' dagegen öffnet sich später als die vorgenannten und schließt früher.
• Bei anhaltend schönem und warmem Wetter öffnen sich fast alle Sorten früher als für sie üblich, wobei die meisten von ihnen dafür schon gegen 15 Uhr ihre Blüten wieder schließen.
Hinweis: Mehr über die Seerose, ihre Blätter und Rhizome erfahren Sie auf den folgenden beiden PRAXIS-Seiten.

Aufbau der Seerosenblüte:
a Blütenblätter, auch
  Kronblätter genannt.
b Kelchblätter.
c Narbe mit unterstän-
  digem Fruchtknoten.
d Staubblatt mit Staub-
  faden und
  Staubbeutel.

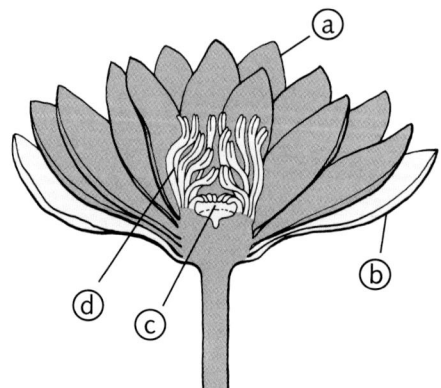

Wie heißen die Pflanzenteile, die man kennen sollte, um Seerosen richtig auswählen und pflanzen zu können? Mit welchen botanischen Begriffen wird man als Seerosen-freund konfrontiert? All das erfahren Sie auf diesen PRAXIS-Seiten.

Botanisches Grundwissen

Die Seerose gehört zur Familie Nymphaeaceae (Seerosengewächse) und bildet darin die Gattung Nymphaea (griechisch nymphe = Braut; Nympha = Name einer Naturgottheit), die etwa 40 Wildarten umfaßt.

Man unterscheidet:

Winterharte Arten: Zur Gattung Nymphaea zählen etwa ein Dutzend winterharter Wildarten, deren Verbreitungsgebiete in den gemäßigten Klimazonen unserer Erde liegen. Einige davon gehören zu den Eltern der winterharten Hybriden und Sorten (zum Beispiel unsere einheimische Weiße Seerose, Nymphaea alba, → Seite 36).

Tropische Arten: Ihr Verbreitungsgebiet liegt in den tropischen und subtropischen Zonen unserer Erde. In unseren Breiten gedeihen sie nur bei besonderer Pflege (→ Seite 24 und 25).

Hybride: Sie ist das Ergebnis einer Kreuzung von Pflanzen (zum Beispiel zwischen Arten einer Gattung) durch den Menschen oder auch in der Natur (dann natürliche Hybride genannt).

Sorte: Das ist eine vom Menschen durch Kreuzung oder Auslese kultivierte Variante einer Pflanze, die meistens weiter vermehrt wird und einen Sortennamen erhält.

Sortennamen werden immer in einfache Anführungsstriche gesetzt (zum Beispiel: Nymphaea 'Maurice Laydeker').

Nach der internationalen botanischen Nomenklatur (ICBN) müßte die richtige Bezeichnung für alle kultivierten Hybriden Nymphaea hybrid-cultivar 'Maurice Laydeker' heißen.

Schwimmblattpflanze: Dazu gehört die Seerose. Es sind Pflanzen, die im Gewässerboden wurzeln und deren Blätter und Blüten auf der Wasseroberfläche schwimmen beziehungsweise bei manchen Pflanzen (zum Beispiel bei einigen Seerosen-Sorten) darüber hinausragen.

Staude: Seerosen zählen zu den Stauden. Das sind ausdauernde mehrjährige Pflanzen. Ihre oberirdischen meist krautigen Teile (die Blätter und Blüten) sterben am Ende der Vegetationsperiode teilweise oder vollständig ab.

Zu Beginn der nächsten Wachstumsperiode treibt die Pflanze neue Blätter und Blüten.

Aufbau der Seerosenblüte

Zeichnung 1

Eine ausführliche Beschreibung der Blüte finden Sie auf den Seiten 7 bis 9. Die Zeichnung zeigt jene Blütenteile, die für eine Identifizierung der Sorte wichtig sind. Dazu gehören vor allem die Blütenblätter und die Kelchblätter, aber auch Staubblätter und Narbe.

Die Narbe bildet zusammen mit dem unterständigen Fruchtknoten, der die Samenanlagen enthält, den weiblichen Teil der Blüte.

Das Staubblatt mit Staubfaden und Staubbeutel ist der männliche Teil der Blüte. Es enthält den Pollen, der zur Befruchtung (durch Wind oder Insekten) auf die Narbe gelangen muß.

Das Seerosenblatt

Solange das Blatt sich unter Wasser befindet, ist die Blattfläche zur Mittelrippe hin eingerollt. Sobald es die Wasseroberfläche erreicht hat, rollt es sich auf und lagert auf dem Wasser.

Die Form: Je nach Art/Sorte haben Seerosen etwas unterschiedlich geformte Blätter, es gibt zum Beispiel ovale, runde oder herzförmige.

Die Blattlappen: Bei den meisten

Seerosen ist das Blatt bis zum Stengel hin eingeschnitten, nur wenige haben einen kürzeren Einschnitt. Die durch den Einschnitt entstandenen Blattlappen können je nach Art/Sorte mehr oder weniger weit auseinanderstehen beziehungsweise überlappen (→ Zeichnung 2).

Der Blattstiel: Er ist lang, kräftig und enthält zahlreiche große luftgefüllte Hohlräume. Stirbt das Blatt ab, hinterläßt der Stiel eine deutlich sichtbare Narbe am Rhizom.

Die Blattfarbe: Es gibt das Grün in vielen Varianten. Blätter können matt oder glänzend, gefleckt oder marmoriert sein.
Im Jugendstadium sind bei manchen Seerosen die Blätter rötlich und bekommen erst später ihre eigentliche Farbe.

Die Blattoberfläche: Sie ist mit einem Wachsüberzug versehen, an dem Wassertropfen sofort abrollen. Die Spaltöffnungen, über die die Atmung der Pflanze, der Austausch von Sauerstoff und Kohlendioxid (kurz Gasaustausch genannt) erfolgt, liegen an der Blattoberseite. Deshalb sollte man Seerosen nicht in die Nähe eines Springbrunnens oder einer Fontäne pflanzen. Denn wenn das Wasser ständig auf die Blätter plätschert, wird die Atmung gestört, die Blätter kümmern und sterben vorzeitig ab.

Hinweis: Winterharte Seerosen haben in der Regel einen glatten Blattrand, während der Rand tropischer Seerosen gezähnt ist.

Das Rhizom
Zeichnung 3
Das Rhizom, auch Wurzelstock oder Erdsproß genannt, ist ein Speicherorgan, in dem die Pflanze Nährstoffe sammelt.
Rhizome wachsen im Laufe der Zeit während der Vegetationsperioden an der Spitze unbegrenzt weiter, während die älteren Teile allmählich absterben.

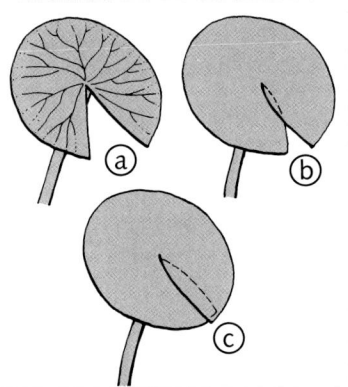

Stellung der Blattlappen:
a auseinanderstehend,
b an der Basis übereinanderliegend,
c übereinanderliegend.

Die Seerosen-Rhizome variieren in Form und Größe beträchtlich.
Ein knollenartiges Rhizom mit einem Durchmesser von etwa 5 cm hat die kleinste der Seerosen, die Nymphaea tetragona (Zwergseerose). Das dunkle mit schwarzen Härchen bedeckte Rhizom wächst aufrecht, ist stark wurzelbildend und verzweigt sich nicht.
Ein flachrundes, diagonal wachsendes Rhizom von gelblich-weißer Farbe hat die Nymphaea alba. Es hat eine feste Zellstruktur, ist wenig verzweigt und wird mehr als 1 m lang. Die Rhizome der meisten aus der Nymphaea alba hervorgegangenen Marliacea-Hybriden haben ähnliche Eigenschaften.
Walzenförmige Rhizome mit Verzweigungen haben Nymphaea odorata und Nymphaea tuberosa. Die Rhizome sind von weißlicher Farbe und werden bis zu 90 cm lang. Sie weisen eine schwammartige Zellstruktur auf, wodurch sie weicher und eher druckempfindlich sind.
Hinweis: Bei den Hybriden beziehungsweise Sorten gibt es durch die unterschiedlichen Eltern viele »Mischformen« bei den Rhizomen.

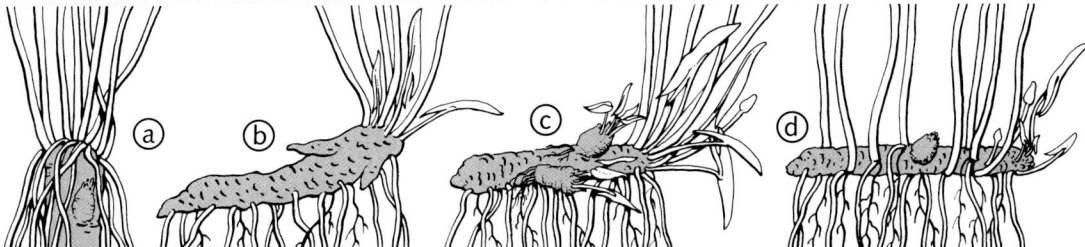

Seerosenrhizome haben unterschiedliche Wuchsformen, es gibt:
a knollenartig senkrecht wachsende Rhizome,
b flachrunde, diagonal wachsende Rhizome,
c waagerecht kriechend wachsende Rhizome wie bei Nymphaea odorata,
d horizontal walzenförmig wachsende Rhizome wie bei Nymphaea-tuberosa-Arten und -Sorten.

Auswahl, Kauf und Pflanzung

Duftige Schönheiten mit wenigen Wünschen

'Masaniello'

Seerosen sind unempfindlicher als allgemein angenommen wird; vorausgesetzt, daß man mit ihnen richtig umgeht.
Sie haben nur wenige »Wünsche« an den Standort und bei der Pflanzung. Doch die sollte man erfüllen, damit die Pflanzen über Jahre hinaus ihre ganze Schönheit und Blütenpracht voll entfalten können.

Wo man Seerosen bekommt

Heute kann der Seerosenfreund zwischen mehr als 40 winterharten Seerosen wählen. Jedoch nicht immer und zu jeder Zeit ist die gewünschte Sorte zu haben. Manchmal muß man geduldig suchen oder auf eine andere Sorte ausweichen. Für den Seerosenkauf gibt es verschiedene Möglichkeiten:
Gartencenter und -fachhandel: Hier findet man im Frühjahr eine gute Auswahl an gängigen und beliebten Sorten.
Wasserpflanzengärtnereien: In diesen Betrieben ist die Chance am größten neben den gängigen Sorten auch seltenere zu bekommen. (Ausführliche Informationen über diese Bezugsquelle finden Sie auf Seite 59.)
Versandhandel: Manche Gartenfachhändler oder Wasserpflanzengärtner geben Pflanzenkataloge heraus, in denen auch Seerosen angeboten werden. Die bestellten Pflanzen kommen per Post. Adressen von Pflanzenversendern (oft mit einem Coupon für die Katalogbestellung) finden Sie in den verschiedenen Gartenfachzeitschriften.

Wichtiger Hinweis zum Naturschutz

Die bei uns heimischen Seerosen-Wildarten stehen unter strengstem Naturschutz. Sie kommen mit dem Gesetz in Konflikt, wenn Sie aus natürlichen Gewässern eine Seerose oder Teile davon entnehmen. Die Wildarten werden heute in Wasserpflanzengärtnereien kultiviert und sind in der Regel im Handel zu erwerben.

Pflanztiefe und Sortenwahl

Wer Seerosen nur nach Farbe und Blütenform aussucht oder gar nach dem Motto kauft »je mehr, desto schöner«, kann sehr enttäuscht werden. Nicht jede Seerose paßt in jeden Teich, entscheidende Auswahlkriterien für Art beziehungsweise Sorte und Anzahl der Pflanzen sind
• die Tiefe des Gartenteichs
• und der Umfang der Wasserfläche.

Hilfe bei der Auswahl bietet der Steckbriefteil dieses Buches (→ Seite 34 bis 57). Dort finden Sie Fotos und Beschreibungen von 40 winterharten Seerosen und die Angabe, für welche Pflanztiefe sie sich eignen.

Pflanztiefe

Damit bezeichnet man den Abstand zwischen Erdoberfläche und Wasserspiegel. Die geeignete Pflanztiefe wird von der Wüchsigkeit und damit der Ausbreitung der Art beziehungsweise Sorte bestimmt. Setzt man zum Beispiel starkwüchsige Sorten in einen kleinen Teich, wird das Blattwerk der Seerosen, die Wasseroberfläche schnell überwuchern. Die schönen Blüten kommen dann kaum zur Geltung. Hinzukommt, daß andere Teichpflanzen, zum Beispiel die Unterwasserpflanzen, zu wenig Licht bekommen.

Pflanzabstände

Junge Pflanzen nehmen wenig Raum ein, aber schon beim Einpflanzen muß man berücksichtigen, daß die erwachsene Pflanze sich je nach Wüchsigkeit mehr oder weniger ausbreitet (→ Überblick »Pflanztiefe und Platzbedarf«, Seite 14). Am schönsten sieht es aus, wenn die Pflanzabstände so bemessen sind, daß die Blätter jeder Pflanze später eine Insel bilden können.

Tip für die Sortenwahl

In Beschreibungen findet man manchmal die Aussage »zuverlässige Sorte«. Damit sind Sorten gemeint, die auch bei ungünstigem Wetter gedeihen, beim Auspflanzen keine Probleme machen, also gut anwachsen und kontinuierlich blühen.

Gesunde Pflanzen kaufen

Beim Kauf sind die Seerosen weit entfernt von ihrer späteren Schönheit, und es ist für einen gärtnerischen Laien oft gar nicht so einfach zu beurteilen, ob er eine gesunde Seerose vor sich hat. Achten Sie deshalb vor allem auf folgendes:

Seerosen im Container

Pflanzen, die in einem Container angeboten werden, haben eine gute Qualität, wenn sie über eine Vegetationsperiode darin gewachsen sind.

Die Wurzelbildung gibt darüber Auskunft.

Ein gutes Zeichen ist es,

• wenn die Wurzeln aus dem Bodenloch des Containers herausragen, oder

• kräftige Wurzeln zu sehen sind, wenn man die Pflanze leicht aus dem Container zieht.

Der Austrieb der Blätter ist genauso wichtig wie die Wurzelbildung. Treiben die Blätter an der Vegetationsspitze kräftig aus, hat man die Gewähr, daß es sich um eine intakte Pflanze handelt.

Tip: Seerosen in Containern am besten erst ab April kaufen, wenn der Blattaustrieb fortgeschritten ist, dann kann man den Zustand der Pflanze besser beurteilen.

Rhizomstücke

Mitunter werden ungetopfte Rhizome angeboten, die oft per Post versandt werden. Meist handelt es sich um abgetrennte Rhizomstücke, die, wenn sie gesund sind, bedenkenlos gepflanzt werden können. Dabei ist nicht die Größe des Rhizoms ausschlaggebend, sondern seine Beschaffenheit: Es darf nicht gedrückt sein und keine fauligen Stellen haben.

Ein romantisches Plätzchen zum Träumen und Entspannen.

Pflanztiefe und Platzbedarf

Wüchsigkeit der Arten und Sorten	Pflanztiefe	Platzbedarf
Zwergseerosen Steckbriefe → Seite 38 und 39	15 bis 30 cm	50 cm² geeignet für Miniteiche und Kübel
Kleinwüchsige Sorten Steckbriefe → Seite 40 und 41	30 bis 50 cm	50cm² geeignet für Miniteiche und Kübel
Mittelstark wachsende Sorten Steckbriefe → Seite 42 bis 47	40 bis 70 cm	1 bis 2 m²
Stark wachsende Sorten Steckbriefe → Seite 48 bis 53	70 bis 100 cm	etwa 2 m²
Sehr stark wachsende Sorten Steckbriefe → Seite 54 bis 57	mehr als 100 cm	3 bis 4 m²

Standort: Sonnig

Auch wenn die winterharten Seerosen den Winter im eiskalten Wasser problemlos überstehen, so brauchen sie während der Vegetationszeit Sonne und nochmals Sonne. Nur eine hohe Lichtintensität gibt den Seerosen die Kraft zum Wachsen und Blühen.

Ideal ist es, wenn ihr Standort unbeschattet den ganzen Tag über von der Sonne beschienen wird und zugleich windgeschützt ist.

Sonnenhungrige Sorten: Bei gelben und farbenwechselnden Sorten, bei deren Entstehung die subtropische Nymphaea mexicana beteiligt war, ist der als ideal beschriebene Standort besonders wichtig. Sie schließen oft im Herbst mit dem Wachstum schlechter ab als die anderen Sorten. Das bedeutet, erst der Frost vernichtet ihre oft großen Blattmassen, während die Blätter der anderen Sorten durch das Einstellen des Wachstum bereits im Herbst vergehen.

Die gelben und farbenwechselnden Sorten brauchen daher im Frühjahr mehr Zeit, um ihre Blüten hervorzubringen.

Sorten für Halbschatten: Es gibt allerdings auch Sorten, die sich mit weniger Sonne begnügen und trotzdem gut gedeihen. Dazu gehören 'Masaniello' (→ kleines Bild oben), 'James Brydon', Nymphaea marliacea 'Carnea' und Nymphaea marliacea 'Rosea'.

Wenig Sonne bedeutet aber nicht Schatten, diese Seerosen brauchen mindestens 5 Stunden Sonne am Tag, wenn sie gut blühen sollen.

Wasserqualität: Seerosen stellen keine besonderen Ansprüche, nur zu saures Wasser vertragen sie nicht so gut, also wenn der Säuregrad des Wassers, der pH-Wert unter 6 liegt (Reagenzien zum Messen des pH-Wertes gibt es im Garten- und Zoofachhandel).

Tip: Seerosen nicht in die Nähe eines Springbrunnens oder einer Fontäne pflanzen; denn eine ständig »berieselte« Blattoberfläche vertragen sie nicht (→ PRAXIS Botanik, Seite 10 und 11).

Die richtige Pflanzzeit

• In den Monaten April bis Juli können Sie jede Seerose pflanzen. Sie hat dann noch genügend Zeit, ausreichend Wurzeln zu bilden und Kraft fürs Überwintern zu sammeln.

• Kräftige Pflanzen können auch noch im August gepflanzt werden.

• Eine Pflanzung im September ist nicht ratsam, da bei einem frühen Herbstbeginn, die Pflanze nicht mehr genügend Wurzeln bilden kann. Das kann bei einem strengen Winter, vor allem in flacheren Gewässern, zu Schäden an der Pflanze führen.

• Gut durchgewurzelte Containerpflanzen können Sie – bis auf Frosttage – zu jeder Jahreszeit einsetzen. Warme Tage sind ideal fürs Auspflanzen, vor allem für die gelben und farbenwechselnden Sorten.

Hinweis: Wundern Sie sich bitte nicht, wenn die frisch ausgepflanzte Seerose nicht schon nach wenigen Wochen üppige Blütenpracht zeigt. Manche Pflanzen brauchen einige Zeit zum Anwachsen oder entwickeln sich langsamer als andere. Es ist nichts ungewöhnliches, wenn die Seerose erst im folgenden Jahr ihre volle Blüte zeigt.

Pflanzerde

Seerosen stellen im allgemeinen keine zu hohen Ansprüche an die Pflanzerde, dennoch gibt es einiges zu bedenken, da die Erde das Wasser und damit das gesamte Teichleben beeinflussen kann.

Man muß darauf achten, daß mit der Erde nicht zu viele Nährstoffe in den Teich gelangen. Ein Überangebot an Nährstoffen hat übermäßige Algenbildung zur Folge.

Pflanzerde für Pflanzgefäße

Nichts falsch machen können Sie, wenn Sie folgende Substrate verwenden:

• Ein Lehm-Sand-Gemisch im Verhältnis 1:1, das heißt, einen Teil Lehmboden mit einem Teil Sand mischen (den Sand gibt es im Baustoffhandel).

• Wenn kein Lehmboden verfügbar ist, mischt man 2 Teile normalen und gesiebten Gartenboden (nicht gedüngt!) mit 3 Teilen Sand.

• Oder Sie verwenden die spezielle Wasserpflanzenerde, die es im Gartenfachhandel zu kaufen gibt. Diese kann mit Sand im Verhältnis 1:1 gestreckt werden.

Pflanzerde für Becken und Teiche

Die vorgenannten Substrate können Sie auch für Becken und Teiche verwenden.

Bei Neuanlagen eignet sich als Bodengrund eine Mischung aus 2 Teilen einfacher ungedüngter Gartenerde, 3 Teilen Sand und 1 Teil Torf. Bis auf den Mutterboden kann die beim Bodenaushub anfallende Erde für die Mischung ebenfalls verwendet werden (vorher sieben).

Ungeeignet als Pflanzerde ist jegliche Art von Erden, die unverrottete organische Bestandteile enthalten, da diese unter Wasser in Fäulnis übergehen und die Pflanzen schädigen.

Außerdem Böden von Feuchtwiesen oder natürlichen Gewässern, sie enthalten Samen von Unkräutern, die man später nicht mehr los wird.

Tip bei Neuanlage des Teichs

In einem neuangelegten Teich sollten Sie Pflanzen ohne Topfballen nicht in den frisch aufgeschütteten Bodengrund setzen. Sie würden unweigerlich aufschwimmen.

Schlämmen Sie die Erde zuerst ein, indem Sie langsam Wasser einlaufen lassen, bis es knapp die Erdoberfläche bedeckt.

Wenn sich die Erde nach ein paar Tagen gesetzt hat, können Sie mit dem Einsetzen der Pflanzen beginnen. Nach der Pflanzung das Wasser langsam zulaufen lassen.

Lagern der Pflanzen

Ob Containerpflanze oder Rhizomstück – beide sollten so schnell wie möglich eingepflanzt werden. Trockenheit oder längeres Lagern schwächt die Pflanze.

Muß man die neu erworbenen Seerosen für kurze Zeit lagern, legt man sie in einen Kübel mit Wasser.

Beim Einpflanzen – vor allem bei voller Sonne – deckt man die Pflanze oder das Rhizom mit feuchtem Zeitungspapier oder einem feuchtem Tuch solange zu, bis sie in die Erde gesetzt werden.

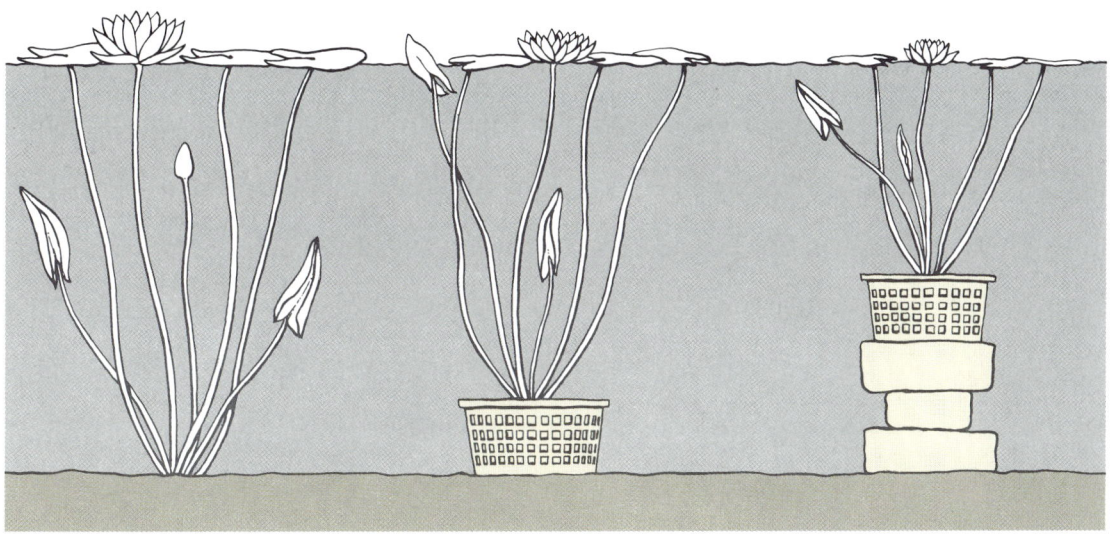

Pflanztiefen: Je nach Art und Sorte werden Seerosen in eine unterschiedliche Pflanztiefe gesetzt. Die Pflanztiefe ist immer der Abstand zwischen Erdoberfläche und Wasserspiegel.

Einiges ist beim Einpflanzen zu beachten, denn Fehler bei der Pflanzung können die Seerose in ihrem Wachstum behindern.

Seerosen vorbereiten

Bevor Sie die Seerosen einsetzen, sind ein paar vorbereitende Handgriffe nötig:

• Bei Pflanzen mit viel Laubwerk, können Sie die großen Blätter getrost mit einem Messer abtrennen. Sie sterben nach dem Einpflanzen ohnehin ab und behindern nur die Entwicklung neuer Blätter.

• Abgeknickte oder beschädigte Blätter sollten Sie immer entfernen.

• Durchgewurzelte Containerpflanzen brauchen keine weitere Vorbereitung, sie werden aus dem Container genommen und samt »Ballen« eingepflanzt.

• Bei Rhizomen schneiden Sie die Wurzeln eine Handbreit unter dem Rhizom ab.

• Faulige Stellen am Rhizom müssen sauber herausgeschnitten werden. Auf die Schnittstellen Aktiv- oder Holzkohlepulver streuen oder mit einem Pinsel auftragen, um die Wunden vor Fäulnis zu schützen.

Wichtig beim Einpflanzen

Um Wachstumsstörungen zu vermeiden, sollten Sie unbedingt beachten:

Seerosenrhizome müssen immer ihrer Wuchsform (→ Zeichnung Seite 11) entsprechend eingepflanzt werden.

• Ein aufrecht wachsendes knollenförmiges Rhizom kommt senkrecht in die Erde.

• Ein flachrundes diagonalwachsendes Rhizom setzt man schräg in die Erde.

• Waagerecht wachsende Rhizome pflanzt man ebenfalls waagerecht ein.

Die Vegetationsspitze, die Stelle, an der die Blätter (und später auch die Blüten) austreiben, darf nur knapp mit Erde bedeckt sein. Eine zu tief eingesetzte Pflanze kann in ihrem Wachstum behindert werden oder gar eingehen.

Containerpflanzen werden so eingepflanzt, daß die Vegetationsspitze etwa 2 cm hoch mit Pflanzerde bedeckt ist.

Pflanzkorb oder Bodengrund?

Seerosen kann man direkt in den Bodengrund des Teiches oder in einen Pflanzkorb (→ rechts, »Das richtige Pflanzgefäß für Seerosen«) setzen.

Für welche Pflanzmethode man sich entscheidet, hängt davon ab, wie und wo man sie halten will.

Seerosen in Pflanzkörben

Will man nur eine einzelne Seerose pflanzen, die in einen Bottich gestellt werden soll, so empfiehlt es sich, diese in einen Pflanzkorb zu setzen. Diese Pflanzmethode hat den Vorteil, daß man die Pflanze jederzeit aus dem Bottich herausnehmen kann, zum Beispiel zum Überwintern.

Auch in Becken und Teichen, die mit Teichfolie abgedichtet sind und keinen Bodengrund haben, sind Pflanzkörbe die einzige Möglichkeit. Hier können sie allerdings überwintern, ohne herausgenommen zu werden, wenn nicht die Gefahr des Einfrierens für das Rhizom besteht.

Jungpflanzen, die noch nicht kräftig genug sind, um an ihrem endgültigen Standort gepflanzt werden zu können, setzt man zunächst in einen Pflanzkorb. Dies kommt vor allem

1 Den Gitterkorb mit einem Tuch auskleiden.

2 Den Korb zwei Drittel hoch mit Erde füllen.

3 Die Vegetationsspitze wird nur knapp mit Erde bedeckt..

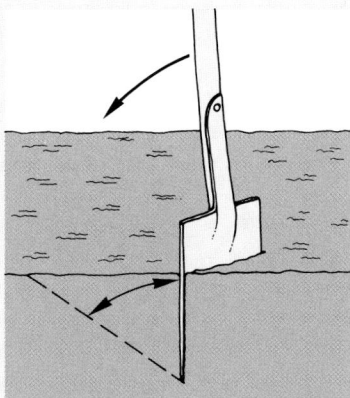

4 Pflanzloch anlegen in Teichen mit gewachsenem Boden (nicht in Folienteichen!): Den Spaten senkrecht in den Boden stechen und um etwa 45° nach vorne drücken.

bei Sorten, die eine große Pflanztiefe erfordern, in Frage.
Den Pflanzkorb stellt man an einen flacheren Standort, bis die Pflanze herangewachsen ist (→ rechts »Hochstellen und Absenken«). Dann kann man sie ohne Bedenken in der richtigen Pflanztiefe in den Bodengrund pflanzen.

Das richtige Pflanzgefäß
Gitter- oder Pflanzkörbe bekommen Sie im Garten- oder Zoofachhandel in den unterschiedlichsten Formen und Größen. Achten Sie bei der Auswahl auf die spätere Wüchsigkeit der jeweiligen Sorte (→ Seite 14). Je wüchsiger desto größer muß der Korb sein.
Tip: Die Gitterkörbe sind aus Kunststoff hergestellt, es gibt jedoch auch Pflanzkörbe aus Naturfasern.

Einpflanzen in Gitterkörbe
Unabhängig von Größe und Form des Pflanzgefäßes gehen Sie beim Einpflanzen immer in gleicher Weise vor.

Den Korb auskleiden
Zeichnung 1
Um zu verhindern, daß die Erde hindurchsickert, wird der Korb mit einem Stück Sackleinen, Ballentuch oder Pflanzvlies ausgekleidet.

Erde einfüllen, Pflanze einsetzen
Zeichnung 2
Pflanzerde anfeuchten und gut zwei Drittel hoch in den Korb füllen. Waagerecht- oder diagonalwachsende Rhizome ihrer Wuchsform entsprechend auf die Erde legen. Bei Containerpflanzen oder senkrecht wachsenden Rhizomen geht es leichter, wenn man mit der Hand ein entsprechend großes Pflanzloch bohrt.

Erde auffüllen
Zeichnung 3
Die Erde so weit auffüllen, daß die Vegetationsspitze nur knapp mit Erde bedeckt ist. Die Erde leicht andrücken und durchdringend gießen. Das auskleidende Tuch am Korbrand abschneiden oder nach innen einschlagen.
Vor allem bei kleinen Rhizomen die Erde mit Kieseln abdecken, um das Aufschwimmen des Rhizoms zu verhindern.

In den Bodengrund pflanzen
Zeichnung 4
Mit Hilfe eines Spatens können Sie Seerosen nur in Teichen mit gewachsenem oder Lehmboden pflanzen. Nicht in Folienteichen, Sie könnten dabei die Folie durchstechen!
Den Spaten in den Boden stechen und um etwa 45° nach vorne drücken. In die so entstandene Lücke die Seerose setzen. Nicht den Boden ausheben, die locker gewordene Erde würde die Pflanzen nicht halten.
Ist der Boden insgesamt weich und nachgiebig, das Rhizom mit einem Stein beschweren.

Mit einer Handschaufel können Sie in gleicher Weise die Seerose auch in einem Folienteich in den Bodengrund bringen.

Seerosen hochstellen und absenken
Zeichnung 5
Will man einer Jungpflanze die Entwicklung erleichtern, setzt man sie in einen Gitterkorb, stellt ihn ins flache Wasser und schiebt ihn langsam dem Wachstum entsprechend tiefer.
Falls es in Ihrem Teich nicht möglich ist, den Korb stückchenweis ins tiefere Wasser zu schieben, schichten Sie an der gewünschten Stelle mehrere Steine auf und stellen den Korb darauf. Die Steine werden dann nach und nach entfernt, bis die Pflanze in der für sie geeigneten Pflanztiefe steht.

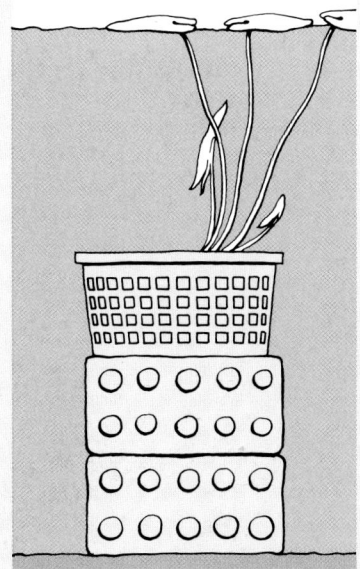

5 Jungpflanzen kann man anfangs höher stellen und nach und nach absenken.

Teich-Romantik

Seerosen, deren Blüten und Blätter sich auf der Wasseroberfläche wiegen, und Sumpf-Schwertlilien, die das Ufer säumen, – eine Kombination nach dem Vorbild der Natur. In vielen Gartenteichen sind diese beiden schönen Blumen zu finden, in der Natur dagegen sind sie so selten geworden, daß sie unter strengstem Naturschutz stehen. Wer das Glück hat, auf einem Spaziergang oder einer Wanderung ein natürliches Gewässer mit Seerosen und Schwertlilien zu entdecken, sollte den schönen Anblick still genießen. Keinesfalls aber auch nur die kleinste Pflanze mitnehmen, denn es gilt, diese Schönheiten zu bewahren und zu beschützen. Für den Gartenteichbesitzer hält der Handel diese Pflanze in vielen Sorten bereit.

Blütenpracht für viele Jahre

Teichfrosch.

Weder anspruchsvoll noch schwierig zu pflegen sind die Königinnen des Teichs. Einmal eingepflanzt hat man mit Seerosen über Jahre so gut wie keine Arbeit. Nur wenn die Pflanzen älter werden und allzu üppig, ist es Zeit, sie zu verjüngen, und dabei kann man sie auch gleichzeitig vermehren.

Pflegemaßnahmen rund ums Jahr

Haben Sie Ihre Seerosen an einen für sie idealen Standort gesetzt, gedeihen die Pflanzen am besten, wenn man sie weitgehend in Ruhe läßt. Nur wenige Pflegemaßnahmen sind nötig.

Düngen, aber richtig

Mit Düngemitteln jeder Art werden dem Teichwasser Nährstoffe zugeführt: Man sollte sie deshalb nur mit äußerster Vorsicht verwenden und nur dann, wenn die Pflanzen sie auch wirklich brauchen. Denn eine Nährstoffüberfrachtung schadet mehr als das Düngen Nutzen bringt. Die Algen nehmen rapide zu, im schlimmsten Fall kann das gesamte Leben im Teich beeinträchtigt werden. In der Regel sorgt die Tier- und Pflanzenwelt für ausreichende Nährstoffe.

Den blühfreudigen Seerosen allerdings sollte man hin und wieder eine kleine Blüh- und Wachstumshilfe gönnen. Sie danken es mit glänzenden Blättern und leuchtenden Blüten.

Zeitpunkt: Seerosen düngt man am besten vor Beginn der Blühsaison im Mai und eventuell im Juli, wenn die Pflanzen vor der zweiten Hochblüte (August) stehen.

Der richtige Dünger: Geeignet sind die speziellen Wasserpflanzendünger, grobes Knochenmehl oder grobe Hornspäne (beides im Garten- oder Zoofachhandel erhältlich).

Richtig düngen: Den Dünger bringt man direkt neben der Pflanze in die Erde. Nicht ratsam ist es, ihn direkt ins Wasser zu geben oder auf der Wasseroberfläche zu verteilen, weil dadurch eine starke Verdünnung und eine verzögerte Wirkung herbeigeführt würde.

• Handelsübliche Wasserpflanzendünger verwenden Sie gemäß Gebrauchsanleitung. Vermeiden Sie unbedingt eine Überdosierung.

• Je nach Größe der Pflanze werden vom Knochenmehl oder von den Hornspänen ein bis zwei Hände voll mit Ton- oder Lehmerde vermischt. Kleine Kugeln daraus formen und neben der Pflanze in die Erde drücken. Wenn das nicht geht, die Kugeln so nah wie möglich neben der Pflanze ins Wasser werfen.

Blätter und Blüten entfernen

Solange Seerosen ein gesundes Wachstum zeigen, ist es während der warmen Jahreszeit nicht nötig, welke Blätter oder Blüten zu entfernen. Gegen ein paar ordnende Handgriffe, mit denen man Abgestorbenes aus dem Teich herausnimmt, ist nichts einzuwenden. Ein ständiges »Herumputzen« an den Teichpflanzen dagegen stört das Teichleben.

Schneiden Sie Blätter oder Blüten mit dem Messer oder einer Gartenschere ab. Manche Stiele lassen sich auch gut einfach mit dem Daumennagel abkneifen.

Die Stiele nicht ausreißen! Das Rhizom könnte dabei beschädigt werden, was der Seerose nicht bekommt.

Im Herbst sollten Sie die Blattmassen reduzieren beziehungsweise die bereits abgestorbenen Blätter entfernen:

• wenn Fische im Teich überwintern;

• wenn der Teich relativ klein ist und sich während der winterlichen Ruhezeit durch die Blattmassen zu viele Faulgase bilden könnten.

Wenn möglich, Blattmassen stehen lassen, da sie zum natürlichen Kreislauf gehören.

Hinweis: Bei manchen Seerosen-Sorten fördert es die Blühwilligkeit, wenn man die verwelkten Blüten abschneidet, zum Beispiel bei Sorten, die von *Nymphaea odorata* abstammen.

Überwintern: Winterharte Seerosen-Arten und -Sorten, die in einer frostfreien Tiefe wachsen, überstehen den Winter ohne Probleme im Teich. Eine Ausnahme macht die gelbe Zwerg-Seerose *Nymphaea pygmaea* 'Helvola' (→ Seite 38), die in einer Pflanztiefe von 15 bis 30 cm wächst. Für sie sind Überwinterungsmaßnahmen nötig, da sie keinen Frost verträgt (→ Überwinterungstip, Seite 38).

Kleiner Teich mit einem Wasserfall, der mit Hilfe von sogenannten Bachschalen angelegt wurde.

Seerosen verjüngen

Je nach Standortbedingungen haben Seerosen nach vier bis fünf Jahren den Höhepunkt ihres Wachstums erreicht.

<u>Zeitpunkt fürs Verjüngen:</u> Die Pflanzen setzen deutliche Signale: Ihr Blattwerk wächst übereinander und türmt sich über der Wasseroberfläche hoch auf. Die Blüten können sich nicht mehr nach oben schieben und bleiben zum Teil unter den Blattmassen verborgen.

Jetzt ist es Zeit, die Pflanze zu verjüngen, das bedeutet, das Rhizom muß geteilt werden. Dadurch wird einer Vergreisung entgegengewirkt, die zur Erhaltung der Pflanze mit allen Eigenschaften für Vitalität und Blütenwachstum notwendig ist. Verjüngung ist gleichzeitig eine Vermehrung, wenn auch mit anderem Schwerpunkt.

<u>Die Monate April und Mai</u> eignen sich am besten fürs Verjüngen, da noch keine üppigen Blattmassen die Arbeit behindern oder erschweren.

Jungpflanzen gewinnen

Will man Jungpflanzen gewinnen, um sie an anderer Stelle auszupflanzen, so kann man dies auf verschiedene Weise tun. Einfach ist es, wenn die Mutterpflanze im Pflanzkorb gehalten wird. Man hebt die Seerose aus dem Korb leicht heraus und trennt das Auge mit der Hand oder mit dem Messer ab. Ist sie im Becken oder Teich eingepflanzt, muß man das Auge vor Ort abnehmen. Sie können die Augen von jeder kräftigen und gesunden Seerose abnehmen.

Es gibt mehrere Arten, Seerosen zu vermehren. Die einfachste ist die Abnahme der Augen von der Mutterpflanze. Die andere Art, neue Pflanzen zu gewinnen, besteht im Teilen der Pflanze. Eine weitere Möglichkeit besteht in der Anzucht von Seerosen durch Samen. Dies ist oft ein mühevoller Weg, der nicht immer zum Erfolg führt.

Auge vom Rhizom abnehmen
Zeichnung 1 und 2
Die ersten Augen sollten erst nach etwa 3 Jahren abgenommen werden, wenn die Mutterpflanze sich gut etabliert und kräftige Jungpflanzen entwickelt hat. Dabei sollten die am stärksten entwickelten zuerst abgenommen werden.
Je nach Wuchsform des Rhizoms geht man auf unterschiedliche Weise vor:
Bei waagerecht wachsenden Rhizomen mit Verzweigungen, wie zum Beispiel bei den Sorten, die von Nymphaea odorata oder Nymphaea tuberosa abstammen, lassen sich die Augen recht leicht abnehmen:
Wenn man mit der Hand am Wurzelstock entlangfährt, stößt man auf verdickte Stellen, aus denen die Augen hervorwachsen. Man kann sie, ohne ein Messer zu benutzen, abbrechen.
Sorten mit flachrunden, diagonal wachsenden Rhizomen, deren Wurzelwerk nicht so stark verzweigt ist, sind schon etwas schwieriger zu handhaben. Um an die Augen zu kommen, muß man nach kleinen »Blattinseln« Ausschau halten, denn dort wo die Blätter klein sind und dicht beieinanderstehen, befinden sie sich. Wenn man dann mit der Hand entlang eines Blattstiels nach unten fährt, stößt man darauf. Mitunter wächst es unterhalb des Haupttriebes hervor, manchmal auch eng daneben.
Je nach Lage und Abstand zum Rhizom muß man eventuell ein Messer benutzen, um es abzutrennen. Dabei schneidet man unterhalb des Auges so, daß es vollständig erhalten bleibt.
Bei knollenförmigen aufrechtwachsenden Rhizomen starkwüchsiger Sorten, was besonders für gelbe und farbenwechselnde Sorten gilt, wachsen die Augen fast parallel zum Rhizom und eng daneben. Nur mit Mühe lassen sich die tiefsitzenden Augen mit dem Messer entfernen. Man nimmt deshalb besser die ganze Pflanze aus dem Boden, schneidet das Rhizom auseinander und pflanzt die Teile ein.

Hinweis: Auf diese Weise lassen sich auch kleinwüchsigere Seerosen teilen, wenn sie zu alt oder zu üppig geworden sind.

Augen einpflanzen
Zeichnung 3
Fürs Einpflanzen der Augen benötigen Sie entsprechende Pflanzcontainer, die mit lehmhaltiger Erde oder einer Bodenmischung gefüllt sind. (→ Seite 15)
• Nehmen Sie für jedes Auge beziehungsweise Rhizomstück mit Auge einen entsprechenden Container.
• Setzen Sie die Augen so ein, daß die Austriebsstellen der Blätter nur wenig mit Erde bedeckt sind.
• Setzen Sie den Container in flaches Wasser an einen sonnigen Platz. Darauf achten, daß auch bei Verdunstung des Teichwassers, die Jungpflanze nicht trocken steht.
• Wird die Pflanze größer, schiebt man sie Stück um Stück in tieferes Wasser, bis sie die Tiefe erreicht, in der sie dann ausgepflanzt wird.

Schnittstellen am Rhizom
Zeichnung 4
Schnittstellen an Rhizomen sind Wunden. Um Faulstellen zu verhindern, sollte man unbedingt jede Schnittstelle mit Holz- oder Aktivkohlepulver bestreichen. Einfach geht dies, wenn man einen Pinsel zu Hilfe nimmt.

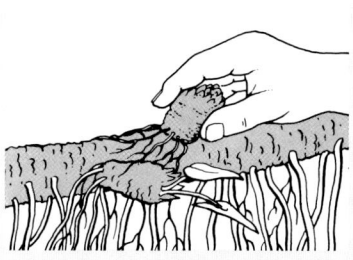

1 Manche Augen lassen sich leicht mit der Hand abnehmen.

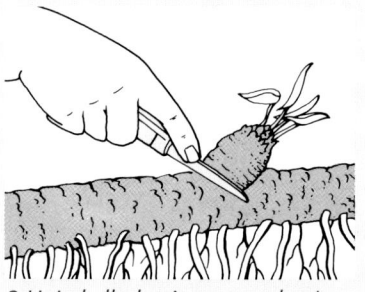

2 Unterhalb des Auges so schneiden, daß es vollständig erhalten bleibt.

3 Die Austriebsstellen der Blätter dürfen nur wenig mit Erde bedeckt sein.

Teilen der Pflanze

Bevor die Pflanze geteilt wird, entnimmt man sie entweder dem Pflanzkorb oder dem Gewässer, in dem sie gepflanzt ist. Im letzteren Fall, füllt man die Vertiefung, die durch das Herausnehmen der Pflanze entstanden ist, mit Bodensubstrat auf.

Das Rhizom, das aus mehreren Trieben besteht, wird in Teile zerlegt. Man zertrennt es mit einem scharfen Messer. Die nicht mehr verwendbaren Teile gibt man zum Kompost.

Eine andere Art des Teilens und des Verjüngens: Eine sehr stark wachsende Seerose, die nicht rechtzeitig reduziert wurde, verjüngt man, indem man mit einem scharfen Messer den ältesten Teil der Pflanze vom Rhizom abtrennt, während man alles andere im Boden weiter wachsen läßt. Dadurch wird das Wachstum der verbleibenden Pflanze gefördert und die Entwicklung neuer Triebe nicht behindert.

Der abgetrennte Teil sollte nicht mehr verpflanzt werden. Das gilt besonders für Seerosen der *Odorata*- und *Tuberosa*-Typen, bei denen die abgetrennten Teile nur schlecht, wenn überhaupt, weiter wachsen. Will man das abgetrennte Stück dennoch einpflanzen, sollte man wenigstens ein Auge daran lassen, damit die »Operation« eventuell überstanden wird.

Vermehren durch Samen
Zeichnung 5

Hauptsächlich die Wildarten und kaum die Hybriden bilden Samen aus. Von den bei uns wachsenden winterharten Wildarten sind *Nymphaea alba*, *N. candida*, *N. tetragona* samenbildend. Die von *N. tetragona* abstammende *N. pygmaea* 'Alba' erzeugt ebenfalls Samen. Sonst bildet kaum eine Hybride Fruchtkapseln, und wenn, sind die Samen meist taub.

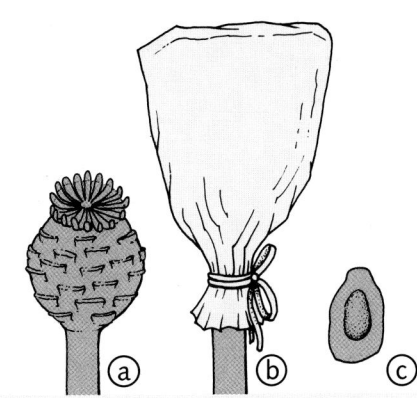

5 Samen gewinnen
a *Samenkapsel.*
b *Nach dem Auftauchen die Kapsel z.B. mit einer Teefiltertüte umwickeln,*
c *Samen in ein mit Wasser gefülltes Glas legen.*

Samen gewinnen: Die Samen befinden sich in der Fruchtkapsel, die sich aus der abgestorbenen Blüte entwickelt hat. Sobald die Kapsel auftaucht, wird sie mit einem gazeähnlichen Stückchen Stoff (z.B. Musselin) oder einer Teefiltertüte umwickelt. So vermeidet man, daß die Samen beim Aufplatzen der Kapsel über die Wasserfläche verstreut werden. Jedoch nicht aus jeder Blüte wird eine Fruchtkapsel, und nicht jede Fruchtkapsel enthält fruchtbare Samen.

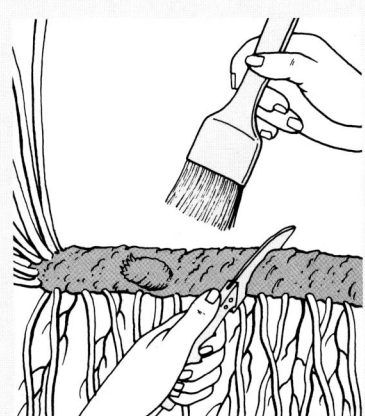

4 Schnittstellen an Rhizomen immer mit Holz– oder Aktivkohlepulver bestreichen.

Keimung: Nach dem Aufspringen der Kapsel den Samen, der mit einer gallertartigen Schicht umgeben ist, in ein mit Wasser gefülltes Glas geben. Wenn sich diese Schicht gelöst hat, entfernt man sie und befreit den Samen von den Rückständen (mit Hilfe von Wasser und einem feinen Sieb). Samen in frisches Wasser legen und an einen kühlen Ort (Kühlschrank) stellen (Temperatur etwa 4 °C).

Im Frühjahr werden die Samen ausgesät. Nachdem sie Wurzeln und kleine Schwimmblätter entwickelt haben, kann pikiert werden.

Sämlinge pikieren: Sie benötigen dazu eine Pflanzschale.

• Die Schale 3 bis 5 cm hoch mit einem Gemisch aus lehmhaltiger Erde, Sand und etwas Aktivkohlepulver füllen.

• Mit der Pinzette die Sämlinge vorsichtig in den Boden setzen.

• Das Gefäß an einen warmen Ort in den Teich stellen und Wasser bis zur Höhe der kleinen Blättchen auffüllen. Dem Wachstum entsprechend wird der Wasserstand nach und nach erhöht.

Nymphaea stellata.

Nelumbo 'Pekinensis Rubra'

Nymphaea 'Afterglow', sehr schön zu erkennen: die gezähnten Blätter, die fast alle tropischen Seerosen besitzen.

Tropische Seerosen

Die Anzahl tropischer Seerosen-Wildarten ist weit größer als die der winterharten. Daraus entstanden im Laufe der Zeit weit über 100 Hybriden und Sorten. Einige davon werden inzwischen immer häufiger im Handel angeboten. So mancher Gartenteichbesitzer möchte diese exotischen Schönheiten in seinem Gartenteich ansiedeln. Vor allem die blauen Seerosen sowie die Lotosblumen verlocken zum Kauf. Doch diese Pflanzen gehen sehr schnell ein, wenn man ihre speziellen Bedürfnisse nicht erfüllt.

Standort: Entscheidend ist die Wassertemperatur, die generell nicht wesentlich weniger als 20 °C betragen sollte. Ein guter Platz ist ein Wintergarten oder ein helles warmes Gewächshaus. Ideal, aber selten vorhanden: ein beheizter Teich. Weniger empfindliche Arten oder Sorten gedeihen auch in einem sehr hellen Raum mit größtmöglicher Sonneneinwirkung.

Während der Sommermonate kann man die Pflanze an einen windgeschützten, vollsonnigen Platz stellen (Nachts darf die Wassertemperatur nicht über längere Zeit deutlich unter 20 °C sinken).

Pflanzung: Als Pflanzerde kann man die gleiche wie bei den winterharten Seerosen verwenden (→ Seite 15). Gut geeignet als Pflanzgefäß ist ein Korb aus Kokosfasern (im Fachhandel erhältlich), in dem das relativ kleine knollenförmige Wurzelwerk Platz hat. Den Korb dann in einen mit Wasser gefüllten Kübel (Durchmesser etwa 60 cm) setzen, der so tief sein sollte, daß sich der Wasserspiegel 10 bis 20 cm über der Erdoberfläche befindet.

Pflege: Je nach Wachstum sollte hin und wieder gedüngt werden. Man verwendet am besten Düngekegel oder –stäbchen, von denen man 2

Nymphaea 'Daubenyana'.

Nymphaea 'King of the Blues'.

bis 3 Stück neben den Knollen in die Erde drückt.

<u>Überwinterung:</u> Sowohl die tropischen Seerosen als auch die Lotosblumen gehen bei Frost ein. Deshalb im beheizten Gewächshaus oder in einem warmen Wintergarten überwintern. Man kann die Knollen aber auch wie Dahlien oder Begonien in einer mit feuchtem Sand gefüllten Kiste überwintern. Die Kiste an einen warmen Ort stellen. Im späten Frühjahr können die Knollen wieder eingepflanzt werden.

<u>Hinweis:</u> Unter den tropischen Seerosen gibt es Tagblüher, die wie die winterharten am Morgen ihre Blü-

ten öffnen, aber auch Nachtblüher, die vom Einbruch der Dunkelheit bis zum Sonnenaufgang ihre Blüten geöffnet halten.

Die Seerosen auf den Fotos

Einen Eindruck von der Schönheit tropischer Seerosen und der Lotosblume vermitteln die Fotos.

Nymphaea stellata, diese Seerose trägt den romantischen Namen »Blaue Lotosblume von Indien«, blüht tagsüber. Ihre Blüte mit einem Durchmesser von 5 bis 12 cm ragt über die Wasseroberfläche hinaus.

Nelumbo 'Pekinensis Rubra', eine Hybride der sagen- und mythenum-

wobenen Lotosblume, ein Mitglied der Familie der Seeerosengewächse. Ihre Blüte steht hoch über dem Wasser.

Nymphaea 'Afterglow', eine zauberhafte Hybride mit schönen tiefdunkelgrünen gezähnten Blättern, die an der Unterseite stark geädert sind.

Nymphaea 'Daubenyana, Tagblüher. Durchmesser der Blüte 5 cm. Bildet Adventivpflanzen auf den Blättern. Ist gut geeignet für kleine beheizte Becken.

Nymphaea 'King of the Blues', eine sehr anpassungfähige Sorte, die in unterschiedlichen Wassertiefen gedeiht.

Erkennen, behandeln heilen

'Escarboucle'.

Selbst in einem gut gepflegten Gartenteich bleiben Seerosen nicht immer von Schädlingen und Krankheiten verschont. Je früher Sie das Übel erkennen, umso leichter können Sie Abhilfe schaffen und größere Schäden vermeiden. Was man tun kann im Fall der Fälle, finden Sie in diesem Kapitel.

Vorbeugen ist besser als heilen

Dieser Satz trifft nicht nur auf uns Menschen, sondern auch auf Seerosen zu. Setzt man sie an einen falschen Standort oder ist das biologische Gleichgewicht im Gartenteich am Wanken, hält das selbst die gesündeste Pflanze nicht lange durch. Die Seerosen sind Bestandteil eines kleinen künstlich angelegten Biotops, in dem es eine vielfältige Tier- und Pflanzenwelt gibt. Kommt es zu Störungen im Teichleben, besteht die Gefahr, daß Schädlinge oder Krankheiten auftreten. Wichtig ist es dann, die Gefahr rechtzeitig zu erkennen und geeignete Abhilfemaßnahmen zu ergreifen. Nur so läßt sich Schlimmeres verhüten.

Hilfe vom Fachmann

Pflanzenschutzmittel jeglicher Art, seien es chemische oder biologische, gehören nicht in einen Gartenteich. Sie verschlechtern die Wasserqualität und sind oft giftig für die Teichtiere. In einem normalen Gartenteich sind die in diesem Kapitel empfohlenen Bekämpfungsmaßnahmen in der Regel ausreichend.

Sollten Schädlinge oder Krankheiten einmal so massiv auftreten, daß die genannten Abhilfemaßnahmen nicht mehr helfen, oder haben Sie große Seerosenbestände, müssen Sie unbedingt einen Fachmann zu Rate ziehen.
Fragen Sie in einer Wasserpflanzengärtnerei oder im Gartenfachhandel nach einem Fachmann, der über die Einsatzmöglichkeiten von Pflanzenschutzmitteln und deren Folgen Bescheid weiß.

Anzeichen fürs Eingreifen

Wenn die Blätter von Schädlingen überzogen sind oder fleckig werden, ihre Ränder sich nach innen einrollen oder nach unten biegen, ist es höchste Zeit, wirksame Maßnahmen zur Bekämpfung der Mißstände einzuleiten.

Seerosen-Blattlaus

Rhopalosiphum nymphaeae
Von allen Blattlausarten, die Seerosen befallen, ist die Seerosen-Blattlaus die wohl schädlichste. Sie ist etwa 1 bis 1,5 mm groß, schwarz und sehr gefräßig.

Tritt vor allem bei feuchtwarmem Wetter auf. Die geflügelten Weibchen lassen sich auf den Blättern und Blüten nieder und saugen deren Säfte gierig auf.
Treten die Blattläuse in großen Massen auf, besteht die Gefahr, daß die Pflanzen stark geschädigt werden.
Anzeichen: Durch Ausscheiden von Honigtau werden die Pflanzenteile mit einer klebrigen schwarzen Schicht überzogen.
Bekämpfung: Befallene Pflanzenteile sofort entfernen. Hat diese manuelle Behandlung keinen Erfolg, die betroffenen Pflanzen aus dem Teich nehmen und gründlich mit einem Schädlingsbekämpfungsmittel säubern. Im Gartenfachhandel nach einem geeigneten Mittel fragen! Vor dem Einsetzen unbedingt die Pflanzen sorgfältig mit Wasser reinigen.
Werden große Seerosenbestände befallen, sollten Sie unbedingt einen Fachmann zu Rate ziehen (→ links).

Seerosen-Blattkäfer

Galerucella nymphaeae
→ Zeichnung, Seite 28
Die kleinen dunkelbraunen Blattkäfer und ihre Larven können zu einer Plage werden, vor allem, wenn unter für sie günstigen Bedingungen vier bis fünf Generationen über Blätter, Blüten und Knospen herfallen. Käfer wie Larven sind sehr gefräßig, wobei die kleinen schwarzen Larven mit gelber Bauchunterseite die größeren Schäden verursachen.
Anzeichen: Die Larven zerstören durch Loch- und Schabefraß nach und nach das obere Zellgewebe der Blätter. Das schwächt das Wachstum der Pflanze beträchtlich, führt aber nur sehr selten zur völligen Zerstörung.

Kleiner Teich mit Seekannen (Nymphoides peltata) und der Seerosen-Sorte Nymphaea 'Froebeli'. ▷

Die Käfer legen ihre Eier in kleinen Häufchen auf die Blattoberseite, wo man dann später auch die beweglichen schwarzen Puppen findet. Wenn gegen Ende August Eiablage und Puppenbildung aufhören, beginnt die Pflanze sich zu erholen.

<u>Bekämpfung:</u> Man liest die weißen Eiernester entweder mit der Hand ab oder zerdrückt sie mit dem Fingernagel, um eine Larvenbildung zu verhindern. Bei einem größeren Seerosenbestand kann nur ein Fachmann (→ Seite 26) Abhilfe schaffen.

Seerosen-Zünsler
Nymphula nymphaeata
→ Zeichnung unten
Dieser unscheinbare weiß-braune Falter ist ein Wasserschmetterling, dessen gesamte Entwicklung – vom Ei bis zur Puppe – im Wasser stattfindet. Schäden an den Seerosen richtet die Raupe an.

<u>Anzeichen:</u> Nach dem Schlüpfen aus dem Ei schneidet die Raupe aus dem Blattrand ein ovales Stück heraus, spinnt es an der Unterseite des an-

gefressenen Blattes fest und lebt in dieser »Behausung« bis zum Verpuppen. Manchmal baut sie auch aus zwei gleichgroßen Blattstücken eine Art Köcher, der innen mit einem dichten Gespinst überzogen ist und in der Nähe des angefressenen Blattes schwimmt. Die Schäden, die durch Blattfraß entstehen, sind normalerweise gering. Gesunde Seerosen verkraften in der Regel diese Schädlinge.

<u>Bekämpfung:</u> Die schwimmenden Raupenbehausungen abfischen. Die an den Blattunterseiten festgesponnen Gehäuse zerdrückt man mit Daumen und Zeigefinger beziehungsweise liest sie mit der Hand ab.

Blatt-Minier-Mücke
Cricotopus ornatus
Diese Schwarmmücke tritt zwar nicht sehr häufig auf, ist aber nicht ungefährlich, vor allem für junge Pflanzen.

<u>Anzeichen:</u> Die Mücke legt ihre Eier auf der Oberfläche der Blätter ab, wo die geschlüpften Larven schmale

tunnelartige Löcher fressen. Bei starkem Befall kann dies zur völligen Skelettierung der Blätter führen.

<u>Bekämpfung:</u> Bei geringem Auftreten genügt die Entfernung der befallenen Blätter. Bei Massenbefall kann nur der Fachmann helfen.

Spitzschlammschnecke
Lymnaea stagnalis
→ Zeichnung unten
Von allen in unseren Gewässern vorkommenden Schneckenarten kann nur die Spitzschlammschnecke (auch Spitzhornschnecke genannt) gelegentlich einigen Schaden an Seerosen verursachen.
Die recht kleine Schnecke lebt in einem spitzen, spiralig gewundenen Gehäuse.

<u>Anzeichen:</u> Die Schnecken legen ihre Eier in gallertartigen durchsichtigen Eipaketen an der Unterseite der Blätter ab. Sie bevorzugen dafür besonders junge Blätter oder neue Triebe, die sie auch anfressen. An den Seerosen »vergreifen« sich die

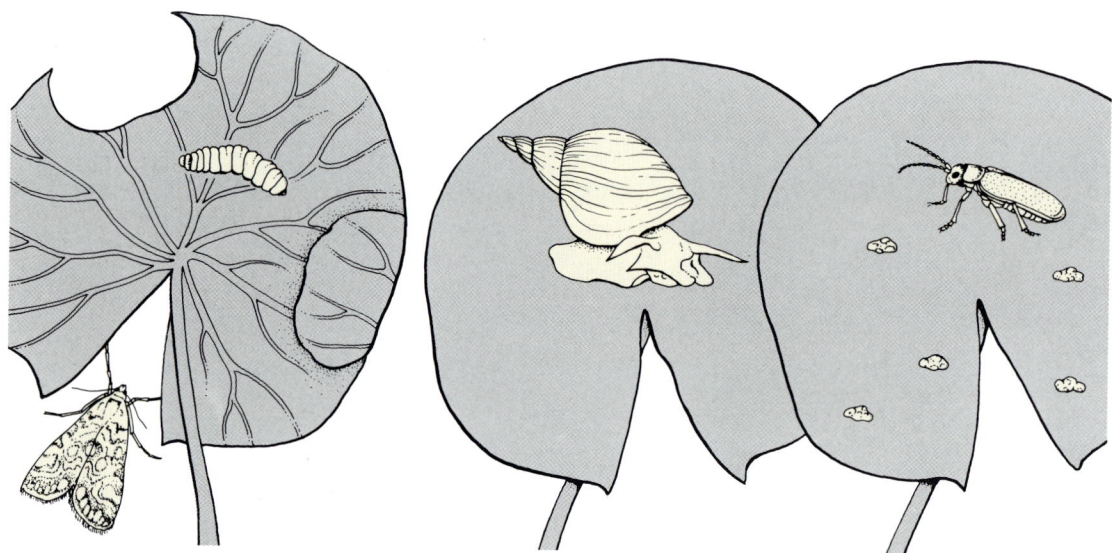

<u>Schädlinge:</u> Larve des Seerosen-Zünslers (links), Spitzschlammschnecke (Mitte), Seerosen-Blattkäfer (rechts).

Schnecken vor allem, wenn sie kein geeignetes Futter wie Algen oder abgestorbene Pflanzenteile vorfinden.

Bekämpfung: Die Schnecken, die in Abständen zum Luftholen an die Wasseroberfläche kommen, lassen sich dabei leicht abfischen. Man kann auch einen Salatkopf oder einen Kohlstrunk ins Wasser legen, um sie damit zu ködern. Nach ein bis zwei Tagen lassen sich die festgebissenen Schnecken mitsamt Köder mühelos entfernen.

Den gallertartigen Laich dagegen, der fest an den Pflanzenteilen haftet, muß man regelrecht abkratzen. In großen Teichen mit vielfältiger Vegetation und somit üppigem Nahrungsangebot ist die Spitzschlammschnecke keine Gefahr für Seerosen.

Seerosen-Knollenfäule

Gloeosporium nymphaearum
Die Krankheit wird durch einen Schwächeparasiten hervorgerufen. Betroffen von der Knollenfäule sind immer nur einzelne Pflanzen, vornehmlich gelbe und farbenwechselnde Sorten.

Anzeichen: Die Blätter werden zunächst gelbfleckig. Nach und nach nehmen sie eine rötliche Färbung an, wobei sich die Blattränder nach unten einrollen. Auch die neuen Blattaustriebe werden von diesen Symptomen befallen. Das Wachstum der Pflanze gerät ins Stocken, bis sie schließlich endgültig eingeht.

Bekämpfung: Nicht möglich. Befallene Pflanzen müssen unbedingt samt Wurzelstock aus dem Teich entfernt werden. Wenn die Krankheit frühzeitig erkannt wird, kann man versuchen, das eine oder andere Auge – wenn vorhanden und nicht befallen – zu retten (Auge = Anlage für neue Sprosse, → Vermehrung, Seite 22).

Seerosen-Wurzelhalsfäule

Diese von einem Pilz (*Phythophthora*) verursachte Krankheit tritt in unseren Breiten nur sehr selten auf. Der Pilz dringt über die gesunden Pflanzenwurzeln ein, wobei die Leitungsbahnen blockiert werden, so daß die Nährstoffversorgung abgeschnitten wird. Die dadurch entstehende Fäulnis am Wurzelhals und an den Blattstielen führt letztlich zum Absterben der Pflanze. Die Infektion zieht sich über einen längeren Zeitraum hin, mitunter über die ganze Vegetationsperiode. Ist die Krankheit allerdings einmal ausgebrochen, so verbreitet sie sich schnell. Sie kann zur Vernichtung ganzer Bestände führen, vor allem, wenn die Pflanzen dicht beieinander stehen.

Anzeichen: Die Blätter werden ungewöhnlich früh gelb, die ganze Pflanze wächst deformiert.

Bekämpfung: Zeigen sich die genannten Symptome, die Pflanze aus dem Teich nehmen und den Wurzelstock prüfen. Ist er mit einem gallertartigen Gewebe durchzogen, das einen abscheulichen Geruch verbreitet, so ist die Pflanze zu vernichten. Sind mehrere Pflanzen derselben Sorte im Gewässer, sollten sofort Fungizide eingesetzt werden (dabei unbedingt den Fachmann zu Rate ziehen!). Wenn möglich, sollte zuvor Boden und Wasser ausgetauscht werden.

Blattrost-Krankheiten

Zwei Blattrost-Krankheiten treten bei uns gelegentlich auf:

Ovularia nymphaearum
Die von diesem Pilz verursachte ist die bekanntere der beiden Blattrost-Krankheiten.

Anzeichen: Schwarze Flecken auf den Blättern. Die dadurch entstehende Fäulnis zersetzt schließlich das Laub.

Cercospora
Ein Pilz aus der Gruppe *Cercospora* verursacht die zweite Blattrost-Krankheit.

Anzeichen: Die Blätter werden braun und wölben sich an den Rändern auf, bis sie endgültig absterben.

Bekämpfung: In beiden Fällen befallene Blätter entfernen. Bei massivem Befall kann nur der Fachmann helfen.

Algen

Von den in Gartenteichen vorkommenden Algenarten sind es die Grünalgen und hier wiederum die Knotenfadenalgen (*Oedogonium*), die vor allem bei massenhaftem Auftreten einigen Ärger bereiten können.

Sie trüben das Wasser und beeinträchtigen auch das biologische Gleichgewicht im Teich, vor allem, wenn weder Fische noch Unterwasserpflanzen vorhanden sind. Algen sind keine unmittelbare Gefahr für Seerosen. Das Wachstum der Jungpflanzen jedoch können sie beinträchtigen, weil diese unter dem Lichtmangel leiden, der durch dicke – unter Wasser oder auf der Oberfläche schwimmende – Algenschichten verursacht wird.

Bekämpfung: Die einfachste Art sie zu entfernen, ist das Abfischen mit der Hand oder mit Hilfe eines Drahtbesens. In hartnäckigen Fällen senkt man den Härtegrad des Wassers durch Zugabe von Regenwasser, wodurch das Wasser »weicher« wird, was Algen nicht mögen.

Tip: Gibt es öfters Algenprobleme in Ihrem Teich, prüfen Sie, ob Mängel im biologischen Gleichgewicht vorliegen. Eventuell sind zum Beispiel nicht genügend Unterwasserpflanzen vorhanden, die Nahrungskonkurrenten der Algen.

Blütenpracht auf kleinem Raum

Nymphaea laydekeri 'Purpurata'.

Ein Seerosenteich im Miniformat für die Terrasse oder für den Balkon anzulegen, ist eine reizvolle Angelegenheit. Allerdings sollte man seine Erwartungen nicht zu hoch schrauben, denn man darf nicht davon ausgehen, daß so ein Minibiotop einen Gartenteich ersetzen kann. Wenn man es richtig macht, wird man aber viel Freude daran haben.

Gefäße für den Miniteich

Halbierte Fässer, große Pflanzkübel aus Kunststoff, Bottiche, Zuber, Tröge, Mörtelwannen – kurzum alles, was wasserdicht ist, eignet sich für einen Mini-Seerosenteich.

Wichtig ist nur bei gebrauchten Gefäßen – vor allem bei Fässern –, daß sich keinerlei Rückstände des ursprünglichen Inhalts darin befinden. Gegebenenfalls muß das Gefäß sehr gründlich mit viel heißem Wasser und einer kräftigen Bürste gesäubert werden. Wem das zu aufwendig ist, kleidet das Gefäß einfach mit einer Teichfolie aus.

<u>Empfehlenswerte Gefäßtiefe</u>: Nicht weniger als 30 cm. Zum einen benötigen selbst die kleinwüchsigen Seerosen eine Pflanztiefe von 15 bis 30 cm (gemessen von der Erdoberfläche bis zum Wasserspiegel). Zum anderen verdunstet das Wasser bei einer geringeren Tiefe zu schnell.

<u>Wichtiger Hinweis</u>: Bei Miniteichen auf dem Balkon auf das Gewicht des Gefäßes samt Inhalt achten. 1 Liter Wasser wiegt 1 Kilogramm, je nach Größe des Gefäßes kommt schnell ein stattliches Gewicht zustande. Er-

kundigen Sie sich im Zweifelsfall unbedingt beim Hausbesitzer oder bei einem Architekten nach der Belastbarkeit Ihres Balkons!

<u>Standort</u>: Auch im Miniteich gilt die Devise: Seerosen brauchen Sonne, mindestens 6 Stunden am Tag. Vorteilhaft: ein windgeschützter Platz.

Geeignete Arten und Sorten

Die Auswahl an Arten und Sorten für Miniteiche in allen möglichen Gefäßen ist recht groß. So eignen sich zum Beispiel

• Alle Zwergseerosen (→ Steckbriefe, Seite 38 und 39).

• Alle kleinwüchsigen Seerosen (→ Steckbriefe, Seite 40 und 41).

• In großen tiefen Becken gedeihen auch mittelstark wachsende Seerosen recht gut (→ Steckbriefe, Seite 42 bis 47). Man sollte jedoch nur eine einzelne Pflanze einsetzen, sonst türmt sich im Miniteich nach kurzer Zeit das Blattwerk.

<u>Ungeeignet sind</u> stark und sehr stark wachsende Seerosen, sie können auf kleinem Raum ihre Schönheit nicht entfalten. In der Regel kümmern sie nur dahin.

Partner für Seerosen: Ist das »Teich-Gefäß« groß genug, können Sie den Seerosen andere Wasserpflanzen hinzugesellen. Es sollten aber keine wuchernden sein, die den ohnehin begrenzten Raum bald voll beanspruchen würden.

Zu empfehlen sind zum Beispiel: Zwergteichrose (*Nuphar pumila*), Hechtkraut (*Pontederia cordata*), Wasserähre (*Aponogeton distachyus*), Pfeilkraut (*Sagittaria sagittifolia*) oder Froschlöffel (*Alisma plantago-aquatica*). Hechtkraut und Wasserähre sind nicht winterhart! Die höherwachsenden Pflanzen nach hinten setzen, in jedem Fall so, daß sie die kleineren nicht beschatten.

Pflanztips

Auch im Miniteich sollten Sie die entsprechende Pflanztiefe einhalten (→ Zeichnung, Seite 15). Je nach Gefäßtiefe können Sie die Pflanzen in den Bodengrund oder in einen Gitterkorb setzen (→ PRAXIS Einpflanzen, Seite 16 und 17).

<u>Pflanzzeit</u>: Ideal sind April und Juni.

<u>Pflanzerde</u>: Am leichtesten tut man sich mit der speziellen ungedüngten Teicherde (im Fachhandel erhältlich). Man kann sie etwa 10 cm hoch als Bodengrund einfüllen oder für die Gitterkörbe verwenden. Sie können natürlich auch die auf Seite 15 beschriebene Gartenteich-Pflanzerde verwenden.

<u>Wasser</u>: Leitungswasser, Regenwasser, wenn es frei von Schadstoffen ist, also keines das über die Regenrinne vom Hausdach abgeflossen ist.

<u>Pflege</u>: Den Miniteich sollte man ein wenig im Auge behalten.

• Auf keinen Fall darf das Wasser soweit verdunsten, daß die Pflanzen im Trocknen stehen, deshalb verdunstetes Wasser rechtzeitig nachfüllen.

• Besser öfter wenig Wasser langsam nachfüllen. Größere Wassermengen kühlen das Wasser im Mi-

Miniteich im Faß bepflanzt mit der schönen Nymphaea 'Madame Maurice Laydeker'.

niteich sehr stark ab, was die Pflanzen nicht sonderlich gut vertragen.
• Düngen nur, wenn die Seerosen kümmern. Seerosendünger neben der Pflanze in die Erde drücken (Gebrauchsanleitung beachten).
• Aufkommende Algen mit der Hand oder einem Kescher abfischen.
• Verwelktes, Verfaultes, abgestorbenes muß man herausnehmen. Es entstehen sonst Fäulnisprozeße, die das Wasser so verschlechtern können, daß es anfängt zu stinken. Stiele immer abschneiden, nicht herausreißen.

<u>Störungen im Miniteich:</u> Schädlinge und Krankheiten können auch im Miniteich auftreten, sie werden genauso behandelt wie im Gartenteich (→ Seite 26 bis 29). Sollte das Wasser – zum Beispiel durch mangelnde Pflege – einmal »kippen« und übel riechen, bleibt Ihnen nichts anders übrig, als das Gefäß vollständig auszuräumen, es zu reinigen, die Pflanzen abzuspülen und in frische Erde einzusetzen.
<u>Überwinterung:</u> Je nach Wassermenge und Wassertiefe wird das Wasser des Miniteichs im Winter

durchfrieren. Die robusten winterharten Seerosen kommen damit zwar ganz gut zurecht. Aber vor allem in harten Wintern mit langanhaltendem Frost, ist es sicherer, wenn man den Miniteich »auflöst«, die Seerosen und eventuell andere vorhandene Pflanzen im Gartenteich beziehungsweise im Haus überwintert (→ Überwinterungstips, Seite 38).

Auch als Schnittblume schön: die Sorten 'James Brydon' (links) und 'Froebeli' (rechts).

Seerosen
als Schnittblumen

Bis auf wenige Ausnahmen wachsen die Seerosen meist in einiger Entfernung vom Teichufer. Wer die Schönheit der zauberhaften Blüten einmal aus nächster Nähe bewundern, ihre zarten Blütenblätter berühren und die Nase dazwischen stecken möchte, um ihren zarten Duft zu genießen, muß also ins Wasser steigen.

Manche Seerosen-Sorten erlauben es, den schönen Augenblick zu verlängern, denn man kann sie abschneiden und im Haus in ein Gefäß stellen. Die Blüten zeigen dann oft noch tagelang ihre ganze Pracht.

Geeignete Sorten
Es gibt einige Sorten, die sich als Schnittblume besonders gut eignen (→ rechts), je nach Sorte halten sie 3 bis 5 Tage.

Ist die Sorte für den Schnitt ungeeignet, muß man damit rechnen, daß die Blüten sehr schnell – manchmal innerhalb von Stunden – einen recht traurigen verwelkten Anblick bieten.
Seerosen sind keine gewöhnlichen Schnittblumen, die man einfach abschneidet und in die Vase stellt. Will man wirklich Freude an den Blüten haben, sollte man einiges beachten, zum Beispiel den Zeitpunkt des Schnitts (→ unten).

Kauf oder »eigene Ernte«?

In der Regel ist der eigene Gartenteich das »Beet«, von dem Sie die Blüten für die Vase pflücken.

Im Handel werden Sie Seerosen als Schnittblumen nur ganz selten finden. Das ist verständlich, denn eine Seerose, die nach dem Kauf noch eine gute Weile frisch bleibt, könnte der Händler nur anbieten, wenn die Zeitspanne zwischen Schnitt, Lieferung und Verkauf extrem kurz wäre. Doch dies läßt sich meist nicht bewerkstelligen, ganz unabhängig davon, daß kaum eine Seerosengärtnerei in der Lage ist, soviel Zeit aufzuwenden, um die Seerosen schneiden zu können.

Zum richtigen Zeitpunkt Schneiden

Auch wenn Sie die richtige – als Schnittblume geeignete – Seerosen-Sorte in Ihrem Teich pflegen, so ist doch nicht jede Blüte davon als Schnittblume geeignet.

Nur eine Blüte, die zum richtigen Zeitpunkt geschnitten wird, blüht über Tage weiter. Um diesen Zeitpunkt zu erwischen, müssen Sie mitunter die Entwicklung der Seerosen auf ihrem Teich ein wenig beobachten.

»Schnittreif« ist eine Seerose:
• wenn sie kurz vor dem Aufblühen steht, das bedeutet: die Knospe ist noch deutlich als Knospe zu erkennen, aber die Blütenblätter scheinen schon deutlich hindurch; oder
• wenn sie gerade aufgeblüht ist – bei frisch geöffneten Blüten sind die Blütenblätter glatt, nicht zerknittert oder eingefallen, die Narbenscheibe ist deutlich zu erkennen und die Staubblätter stehen aufrecht. Neigen sich die Staubblätter nach innen, steht die Blüte kurz vor dem Verblühen.

Wichtig: Den Blütenstiel nicht zu kurz abschneiden, er sollte etwa 20 cm lang sein, kürzen kann man noch beim Einstellen ins Gefäß. Die frisch geschnittenen Blüten so rasch wie möglich ins Wasser stellen. Bei längerem Transport, die Blüten in eine mit etwas Wasser angefüllte Plastiktüte stecken oder vorsichtig in feuchtes Papier einschlagen.

Als Schnittblume geeignete Sorten

Alle hier genannten Sorten sind auf den jeweils angegebenen Seiten im Farbfoto abgebildet und ausführlich beschrieben.

Sorten in Weiß
'Gonnére' (→ Seite 43)
'Pöstlingberg' (→ Seite 56)

Sorten in Rosa
'Anna Epple' (→ Seite 54)
'Madame Wilfron Gonnére' (→ Seite 51)
Nymphaea odorata 'Rosennymphe' (→ Seite 50)

Sorten in Rot
'Escarboucle' (→ Seite 48)
'James Brydon' (→ Seite 49)

Sorten in Gelb
'Marliacea Chromatella' (→ Seite 53)
'Colonel A.J. Welch' (→ Seite 54)

Das richtige Gefäß

Am hübschesten sehen die Blüten in Gefäßen aus, in denen sie wie in ihrem angestammten Lebensraum auf der Wasseroberfläche schwimmen können.

Für einzelne Blüten eignen sich flache Schalen und nicht zu flache Teller aus Glas, Porzellan, Keramik oder auch Bowlegefäße. Legen Sie ein Blatt dazu, das verschönert den Anblick.

Bei mehreren Blüten empfiehlt sich eine schöne Schüssel oder ein größerer Steinguttopf.

Weniger geeignet sind langhalsige Vasen, darin kommen das Wesen und die Schönheit der Seerose nicht zur Geltung.

Einstellen und Frischhalten

Sollen die Blüten frei auf dem Wasser schwimmen, kürzen Sie die Stiele entsprechend. Den Stiel aber nicht völlig abschneiden, sonst bekommt die Blüte zu wenig Wasser. Ansonsten richtet sich die Stiellänge nach der Tiefe des Gefäßes. In jedem Fall unbedingt darauf achten, daß das Stielende sich unter Wasser befindet.

Damit sich die Blüten so lang wie möglich halten, beachten Sie bitte folgendes:
• Stellen Sie die Blüten nicht in die Sonne, weil das Wasser dort sehr stark verdunsten würde, was ein schnelles Verblühen zur Folge hätte.
• Versorgen Sie die Blumen immer ausreichend mit Wasser; stehen sie trocken, verwelken sie schon nach kurzer Zeit.

Hinweis: Auch abgeschnittene Blüten schließen sich am Abend und öffnen sich am Morgen (→ Öffnungszeiten der Blüten, Seite 9).

Tip: Für festliche Anlässe eignen sich Seerosen gut als außergewöhnliche und besonders dekorative Tischdekoration. Stellen Sie die geschnittenen Blüten vor dem Dekorieren eine Zeitlang dunkel und kühl. Sie öffnen sich dann im Hellen fast explosionsartig – auch spätabends bei künstlichem Licht.

Blütenpracht für jeden Teich

'Karl Epple'.

Farben, Formen, Düfte betören den Seero-senfreund und machen ihm manchmal die Wahl zur Qual. Verständlich, denn eine Seerosen-Sorte ist schöner als die andere. Damit Sie die Seerose finden, die Ihnen gefällt und die in Ihren Gartenteich paßt, werden in diesem Kapitel 40 beliebte win-terharte Arten und Sorten vorgestellt.

Das bieten die folgenden Seiten…

Auf Seite 36 und 37 werden die Wildarten vorgestellt, die eine wich-tige Bedeutung bei der Züchtung der Sorten hatten.

Ab Seite 38 finden Sie Fotos und Beschreibungen beliebter winterhar-ter Hybriden und Sorten.

Da die Pflanztiefe entscheidend für das Gedeihen der Seerosen ist, sind die Sorten in entsprechende Grup-pen eingeteilt. Auskunft über den Platzbedarf (Ausbreitung) gibt bei jeder Gruppe der Einleitungstext.

Hinweis: Alle beschriebenen Arten und Sorten sind im Handel erhält-lich. Einige gibt es allerdings nur in Wasserpflanzengärtnereien, die auf Seerosen spezialisiert sind. Hilfe beim Einkauf bietet die Adressenliste des Bundes deutscher Staudengärt-ner (→ Bezugsquellen, Seite 59).

Erläuterungen zu den Beschreibungen

In den Beschreibungen sind die wichtigen Merkmale genannt, die Ihnen helfen, eine Seerose-Sorte oder Hybride zu identifizieren. Außerdem sind jeweils jene Eigen-schaften genannt, die für die Aus-

wahl eine Bedeutung haben, dazu gehören zum Beispiel Angaben zur Blühfreudigkeit, Wüchsigkeit.

Blüte: Unter diesem Stichwort fin-den Sie Angaben zur Blütenfarbe, -form und -Durchmesser sowie zum Duft –, außerdem zum Aussehen der Blüten- und Kelchblätter sowie der Staubblätter.

Blatt: Hier gibt es Informationen über Farbe, Form und Größe der Blätter.

Hinweis: Hier sind Besonderheiten oder spezielle Tips zu finden, zum Beispiel, ob sich eine Sorte als Schnittblume eignet.

Weitere Arten und Sorten: Aufge-führt werden hier Sorten, die sich ebenfalls für die angegebene Pflanz-tiefe eignen, falls Sie die abgebilde-ten und ausführlich beschriebenen Seerosen nicht bekommen.

Claude Monets Seerosenteich. Diesen Teich, den der Maler in sei-nem Garten in Giverny bei Paris an-legte, hat er in vielen seiner Bilder als Motiv gewählt.

Winterharte Wildarten

Unter den etwa 40 Seerosen-Wildarten gibt es ungefähr ein Dutzend winterharter Arten. Einige von ihnen zählen zu den »Stammeltern« unserer winterharten Seerosen-Sorten. Zur Zucht der heute bekannten Sorten beziehungsweise Hybriden sind die hier beschriebenen Wildarten nachweislich verwendet worden.

Nymphaea alba
Weiße Seerose

Nicht nur im Teich, auch in der Züchtungsgeschichte der Seerosen ist sie ein Star: unsere heimische Weiße Seerose. Zusammen mit ihrer schwedischen Verwandten *Nymphaea alba* var. *rosea* verhalf sie dem berühmten Seerosen-

züchter Marliac zu seinem ersten Zuchterfolg.
<u>Heimat:</u> Europa, weite Teile Asiens, Nordafrika.
<u>Blüte:</u> Schneeweiß, Durchmesser 10 bis 13 cm, duftet angenehm. Die äußeren der bis zu 25 länglichen Blütenblätter sind größer als die Kelchblätter. Staubblätter breit, schwefelgelb. Narbenscheibe

hellgelb, manchmal schwach rötlich. Kelchblätter innen weiß, außen grünlich-braun, manchmal leicht rosafarben.
<u>Blatt:</u> Ober- und Unterseite grün, neuausgetrieben oft rötlich, etwa 30 cm lang und 20 cm breit. Blatt- und Blütenstiele bis zu 3 m lang. Blattlappen stehen leicht auseinander.
<u>Rhizom:</u> Bis zu 1 m lang, armdick, waagerecht wachsend, gelblichweiß, wenig verzweigt.
<u>Pflegetip:</u> Robuste Art. Verträgt sogar starken Frost und Einfrieren. Entfaltet ihre volle Schönheit, wenn die Pflanztiefe mehr als 100 cm beträgt.
<u>Wichtig:</u> Geschützte Art! Ist kultiviert im Handel erhältlich.

Nymphaea candida
Kleine Seerose

Sieht *Nymphaea alba* sehr ähnlich, ist jedoch kleiner.
<u>Heimat:</u> Nord-, Mittel- und Osteuropa, Asien.
<u>Blüte:</u> Reinweiß, Durchmesser etwa 8 cm. Bis zu 20 Blütenblätter, die manchmal rötlich gestrichelt sind. Staubfäden goldgelb. Narbenscheibe gelb bis leicht violett. Kelchblätter innen weiß, außen grün, manchmal bräunlich grün.
<u>Blatt:</u> Oberseite grün, Unterseite zu den Rändern hin öfters dunkel purpurn. Blattlappen liegen an der Basis übereinander.
<u>Rhizom:</u> Kräftig, senkrecht wachsend, starke Wurzelbildung.

Nymphaea alba, die Weiße Seerose — zauberhaft schön in der Natur und im Gartenteich.

Pflegetip: Robuste Art. Gut geeignet für Pflanztiefen von 30 bis 60 cm.
Wichtig: Geschützte Art. Ist kultiviert im Handel erhältlich.

Nymphaea tetragona
Zwergseerose

Ist die zierlichste der winterharten Arten, weshalb man sie auch *Nymphaea pygmaea* nennt (lateinisch *pygmaeus* = zwerghaft). Bringt von Ende Mai bis Anfang Oktober eine Fülle von Blüten hervor.
Heimat: Nordamerika, Osteuropa, Asien, Australien.
Blüte: Weiß, Durchmesser 2,5 bis 5 cm, leicht duftend. Staubblätter leuchtend gelb. Kelchblätter innen hellgrün, an der Basis vierkantig.
Blatt: Oberseite dunkelgrün, oft schwärzlich gefleckt, Unterseite hellgrün und rötlich, oval-herzförmig, Länge etwa 10 cm, Breite etwa 7 cm.
Rhizom: Bis zu 10 cm lang, 1 bis 3 cm dick, knollenartig, aufrecht wachsend, teilweise mit wolligen, schwarzen Haaren bedeckt.
Pflegetip: Robuste Art. Alle zur *Pygmaea*-Gruppe zählenden Hybriden (→ Seite 38 und 39) eignen sich gut für flache Teichzonen, Kübel, Bottiche oder Tröge. Bildet reichlich Samen, die Jungpflanzen tragen schon im nächsten Jahr Blüten.

Nymphaea odorata
Wohlriechende
Seerose

Beim Züchten der weißen, gelben, rosafarbenen und roten Sorten spielte diese Art die wichtigste Rolle. Sie blüht reich bis in den Herbst hinein und ihre Blüten bleiben tagsüber lange geöffnet.
Heimat: Nordamerika.
Blüte: Reinweiß, Durchmesser 12 bis 15 cm, mandelsüß duftend. 20 bis 30 ellipsenförmige Blütenblätter mit geschweiften Spitzen. Äußere Blütenblätter außen grün und innen weiß. Kelchblätter blattgrün, manchmal mit zart purpurnen bis kastanienbraunen Schattierungen.
Blatt: Oberseite blaß- bis erbsengrün, Unterseite purpurn, rundlich herzförmig, Durchmesser bis zu 25 cm. Die Blattlappen stehen auseinander.
Rhizom: Bis zu 90 cm lang, etwa 5 cm dick, waagerecht wachsend, weißlich, starke Wurzelbildung.
Pflegetip: Für Pflanztiefen von 30 bis 100 cm geeignet. Wenn möglich, verwelkte Blüten abschneiden, dies fördert die Entwickung neuer Blüten.

Nymphaea candida, die Kleine Seerose.

Nymphaea tuberosa
Magnolia-Seerose

Obwohl die Art nicht sehr blühwillig ist, gelang es Züchtern, schöne und blütenreiche Hybriden daraus zu entwickeln.
Heimat: Mittel- und Nordamerika.
Blüte: Reinweiß, ähnelt einer Magnolienblüte, Durchmesser bis zu 20 cm, leicht nach reifen Äpfeln duftend. Blütenblätter spatelförmig, nach innen gekrümmt. Staubblätter und Narbe gelb. Kelchblätter biegen sich bei voller Blüte oft bis an den Stiel zurück.
Blatt: Ober- und Unterseite grün, rund. Durchmesser bis 35 cm. Blattstiele mit rotbraunen Längs-

Nymphaea tetragona var. grandiflora.

linien. Die Blattlappen stehen auseinander.
Rhizom: Bis zu 90 cm lang, 5 cm dick, glatt, weißlich.
Pflegetip: Braucht viel Platz. Reine Art im Handel schwer zu bekommen.

Zierliche Schönheiten für flaches Wasser

Ideal für flache Teichzonen, Kübel, Bottiche und Zuber sind die »Minis« unter den Seerosen. Blühfreudig bringen sie Blüte um Blüte hervor. Die Kleinen beanspruchen wenig Platz, pro Pflanze rechnet man mit etwa 50 cm². Leider gibt es bisher nur wenige Sorten im Handel, und die sind oft noch schwer zu finden.

Überwinterungstips

Bei der geringen Pflanztiefe ist es nicht zu vermeiden, daß die kleinen Seerosen im Winter einfrieren. Nur eine Sorte verträgt dies nicht, nämlich *Nymphaea pygmaea* 'Helvola'.

Deshalb sind für sie Überwinterungsmaßnahmen nötig. Problemlos überwintern Sie den frostempfindlichen »Zwerg«, wenn Sie die Pflanze von Anfang an in ein Pflanzgefäß setzen (→ Seite 16). Die Pflanze überlebt den Winter schadlos, wenn Sie im Herbst

• das Pflanzgefäß entweder in eine Wassertiefe von mindestens 50 cm stellen;

• oder das Pflanzgefäß samt Pflanze aus dem Teich nehmen, die Erdoberfläche vollständig mit Moos bedecken und das Gefäß in einen kühlen, frostfreien Raum stellen. <u>Hinweis:</u> Wenn Sie die Möglichkeit haben, das Wasser am Standort der *Nymphaea pygmaea* 'Helvola' 50 cm hoch aufzufüllen beziehungsweise anzustauen, können Sie im Winter die Pflanzen – im Pflanzgefäß oder ausgepflanzt – an Ort und Stelle belassen.

Nymphaea pygmaea 'Alba'

Diese kleinste, weiße, reichblühende natürliche Hybride ist gegen Frost resistent. Selbst gelegentliches Einfrieren übersteht sie ohne Schäden. Ihr Rhizom ist knollenartig, aufrecht stehend und mit schwarzen Härchen bedeckt – wie bei *Nymphaea tetragona*, von der sie wegen einiger gemeinsamer charakteristischer Merkmale wohl auch abstammt.

<u>Blüte:</u> Reinweiß, kugelförmig, Durchmesser 2,5 bis 5 cm, angenehm duftend. 13 spatelförmige Blütenblätter. Staubblätter leuchtend gelb, Kelchblätter an der Basis vierkantig.

<u>Blatt:</u> Oberseite dunkelgrün, Unterseite mattrosa, am Blatteinschnitt gelbfleckig und geädert, hufeisenförmig, Durchmesser 5 bis 10 cm. Die Blattlappen stehen auseinander.

<u>Pflanzhinweis:</u> Rhizom senkrecht einpflanzen (→ PRAXIS Einpflanzen, Seite 16 und 17).

Nymphaea pygmaea 'Helvola', die kleinste aller gelben Seerosen, blüht an einem warmen, sonnigen Standort reich.

Nymphaea pygmaea 'Helvola'

Unter den gelben Seerosen ist sie die kleinste. Bei guten Standortbedingungen bringt sie während des Sommers zuverlässig Blüte um Blüte hervor.
Sie wurde 1893 von Marliac kultiviert.
Blüte: Cremegelb, sternförmig, Durchmesser 3 bis 6 cm. 17 schmal-lanzettliche, spitzzulaufende Blütenblätter, Staubblätter, spitz, gelb.
Blatt: Olivgrün, Oberseite purpurn und braun gesprenkelt, Unterseite rot punktiert, hufeisenförmig, Durchmesser bis zu 13 cm, Die Blattlappen stehen auseinander.
Pflegetip: Die Pflanze ist frostempfindlich, deshalb sind Überwinterungsmaßnahmen nötig (→ Überwinterungstips, links).

Nymphaea pygmaea 'Rubra'

Diese innerhalb der pygmaea-Gruppe größte Seerose ist nicht frostempfindlich, was sie sicher einem Elternteil zu »verdanken« hat. Denn wahrscheinlich ist sie eine natürliche Hybride, die aus der winterharten schwedischen Nymphaea alba var. rosea hervorgegangen ist.
Blüte: Blüht rosa auf, nimmt aber schnell eine granatrote Farbe an, sternförmige Blüte mit breiten spitz zulaufenden Innenblättern, Durchmesser 6 bis 8 cm, Staubblätter orange. Kelchblätter zunächst auf der Innenseite rosa überhaucht, werden mit der Zeit braunrot, sie heben sich deutlich von den inneren Blütenblättern ab.
Blatt: Oberseite einheitlich grün, Unterseite rötlich. Die Blattlappen stehen weit auseinander.

Nymphaea 'Maurice Laydeker' mit Knospe.

'Graziella'

Diese farblich sehr aparte Seerose eignet sich besonders gut für Kübel, Tröge oder Zuber.
Blüte: Orangerot-kupferfarben, wird beim Verblühen kanariengelb, kugelförmig, Durchmesser 6 bis 8 cm, leicht duftend. Die schmalen Blütenblätter laufen in eine geknickte Spitze aus. Staubblätter tieforange. Innenseite der Kelchblätter rot gestreift.
Blatt: Hell olivgrün, Oberseite kastanienbraun marmoriert, Unterseite braunrot, herzförmig. Die Blattlappen stehen auseinander.

'Maurice Laydeker'

Ein markanter Blickfang in jedem Gartenteich ist diese wunderschöne rote Seerose mit ihren kugelförmigen Blüten.
Blüte: Kirschrot, wird zu den Blütenblätterspitzen hin heller, Durchmesser 10 cm. Staubblätter dunkelgelb, Innenseite der Kelchblätter rötlich gestreift.
Blatt: Oberseite auffallend dunkelgrün mit schwarzbraunen Flecken, Unterseite rötlich, kreisförmig. Die Blattlappen streben von der Mitte des Blatteinschnitts an auseinander.

Nymphaea pygmaea 'Rubra'.

Nymphaea 'Graziella' eignet sich für Kübel.

Klein, duftend und blühfreudig

Eine Gruppe von kleinwüchsigen Hybriden, die oft als Halb-Zwergseerosen bezeichnet werden, sind die Seerosen der sogenannten Laydekeri – Gruppe, die um die Jahrhundertwende gezüchtet wurde. Sie bereichert das knappe Angebot an zauberhaften Seerosen für kleine Teiche, flache Becken, Kübel und Tröge.

Nymphaea laydekeri 'Lilacea', duftet nach Teerosen.

Die Laydekeri-Gruppe

Ein kleines Meisterstück in der Züchtung ist dem Vater der vielfältigen winterharten Seerosen-Sorten, dem französischen Züchter Marliac mit seiner Laydekeri-Serie gelungen. Diese Gruppe umfaßt fünf wunderschöne kleine Seerosen, die alle kugelförmige, duftende Blüten und runde, tief eingeschnittene grün glänzende Blätter haben. All diese Hybriden zeichnen sich durch Wüchsigkeit, Blütenreichtum und nicht zu üppigen Blattwuchs aus.

Häufiger im Handel angeboten werden leider nur die beiden hier abgebildeten und beschriebenen Hybriden, nämlich:
• *Nymphaea laydekeri* 'Lilacea' und
• *Nymphaea laydekeri* 'Purpurata'.

Kaum zu finden im Handel sind die wunderschönen Hybriden:

• *Nymphaea laydekeri* 'Alba' (weiß),
• *Nymphaea laydekeri* 'Rosea' (rosa) und
• *Nymphaea laydekeri* 'Fulgens' (karminrot).

Nymphaea laydekeri 'Lilacaea'

Vor rund 100 Jahren wurde diese hübsche kleine Seerose von Marliac in den Handel gebracht. Von den Laydekeri-Hybriden ist sie wohl am weitesten verbreitet.

Blüte: Im Zentrum lilarosa, nach außen hin heller werdend, äußere Blütenblätter fast weiß mit zartrosa Streifen, nach Teerosen duftend, Durchmesser 6 bis 8 cm. Staubblätter orangerot mit hellgelben Spitzen.

Blatt: Oberseite glänzend grün und braun marmoriert, Unterseite rötlich, hufeisenförmig. Durchmesser 15 cm. Die Blattlappen stehen auseinander.

Nymphaea laydekeri 'Purpurata'

Diese reichblühende, unproblematische Sorte bringt den ganzen Sommer über jeweils zur gleichen Zeit eine große Anzahl von Blüten hervor.

Blüte: Karmesinrot, nach außen hin heller werdend, Durchmesser 10 cm. Die äußeren der 19 stark zugespitzten Blütenblätter sind weiß und rot gefleckt und länger als die inneren. Staubblätter orangerot. Innenseite der Kelchblätter rosafarben, Außenseite dunkelgrün.

Blatt: Dunkelgrün, Oberseite mit kastanienbraunen oder schwarzen Flecken, Durchmesser bis zu 19 cm. Die Blattlappen stehen auseinander.

Weitere Sorten

Neben den beschriebenen Laydekeri-Hybriden sind noch drei weitere Sorten für diese Pflanztiefe von 30 bis 50 cm zu empfehlen.

Nymphaea candida : (Kleine weiße Seerose). Diese reinweiße Wildart mit einem Blütendurchmesser von 8 cm, ist sehr robust und bestens für eine Pflanztiefe von 30 bis 50 cm oder auch 60 cm geeignet. (Ausführliche

Nymphaea 'Berthold'

Nymphaea 'Indiana', eine farbenwechselnde Sorte

Beschreibung und Foto →
Wildarten, Seite 37).
'Berthold': Diese von dem
deutschen Seerosengärt-
ner Franz Berthold vor
einigen Jahren kultivierte
Seerose bereichert mit
ihrem relativ geringen
Platzbedarf das knappe
Angebot an kleinwüchsi-
gen Sorten. Ihre hellrosa
Blüte hat einen Durch-
messer von etwa 10 cm.
Die 17 bis 19 Blütenblät-
ter sind an der Basis recht
schmal.
Das dunkelgrüne Blatt ist
anfänglich dunkelbraun
gefleckt und hat einen
Durchmesser von etwa
17 cm.
'Indiana': Die Farbe dieser
kleinwüchsigen wunder-
schönen reichblühenden
Sorte wechselt von pfir-
sichrosa über orangegelb
bis zu einem kupferroten
Ton. Der Durchmesser der
kugelförmigen Blüte be-
trägt etwa 10 cm. Die
Blattoberseite ist olivgrün,
anfangs stark braunrot
bis violett gefleckt, die Unterseite hat eine hellere
braunrote Färbung.
Die 'Indiana' braucht einen
warmen Standort.
'Aurora' Eine reichblühende Sorte, deren kugel-
förmige Blüte einen
Durchmesser von 8 bis 10
cm hat. Die Blütenfarbe
wechselt von gelb über
rosa zu dunkelorange.
Blattoberseite und -unter-
seite sind schwarzbraun
gefleckt.

Raritäten

Die Nachfrage nach klein-
wüchsigen Seerosen ist
groß, weil viele Teiche in
unseren Gärten oft nur
eine geringe Wassertiefe
haben. Im Handel sind be-
dauerlicherweise – wie
schon gesagt – nur wenige
kleinwüchsige Sorten, aber
es gibt noch mehrere der
schönen »Kleinen«, die
aber nur schwer zu finden
sind. Wer Interesse daran
hat, sollte sich in den Wasserpflanzengärtnereien der
Umgebung oder vielleicht
am Urlaubsort umhören.

Möglicherweise finden Sie
eine der hier genannten
Sorten:
• 'Chrysantha' – gelb bis
aprikosenfarben,
• 'Lactea' – zartrosa,
• 'Phoebus' – gelb bis
kupferrot,
• 'Punctata' – rosarot,
• 'Robinsoniana' – zinno-
ber- bis purpurrot,
• 'Sanguinea' – blutrot,
• 'Seignouretti' – orange-
rot.

Farbe, Duft und Blütenpracht

Eine ganze Reihe zauberhafter Sorten in Weiß, Gelb, Rot und Rosa gibt es für die Pflanztiefe von 40 bis 70 cm. Blühfreudig sind sie alle, einige Sorten sogar an einem nicht ganz optimalen Standort - wie im Halbschatten. Je nach Wüchsigkeit rechnet man pro Pflanze eine Ausbreitungsfläche von 1 bis 2 m².

'Hermine'

Wer weiße Seerosen liebt, kann mit dieser Sorte nichts falsch machen. Sie ist eine sehr wüchsige, unempfindliche Sorte, die sogar im Halbschatten gut gedeiht.

Im Frühjahr blüht sie als eine der ersten, innerhalb weniger Tage bringt sie fast gleichzeitig Blätter und ihre ersten Blüten hervor. Den ganzen Sommer über zeichnet sie sich durch ihren beständigen Blütenreichtum aus. Wegen ihrer großen Anpassungsfähigkeit wurde sie vom Arbeitskreis Wasserpflanzen (→ Adressen, Seite 58) als »sehr wert-

volle Sorte« eingestuft. Gezüchtet und im Jahre 1910 eingeführt hat diese robuste Seerosenschönheit der französische Züchter Marliac.
<u>Blüte:</u> Reinweiß, zunächst tulpenförmig, bei voller Blüte nimmt sie die Form eines Sterns an, der Blütendurchmesser hängt vom Wasserstand ab und liegt zwischen 10 bis 17 cm. 21 bis 23 schmallanzettliche, zugespitzte Blütenblätter. Die gelben Staubblätter werden zur Mitte hin etwas dunkler. Kelchblätter smaragdgrün. Knospe schlank, spitz zulaufend und glänzend grün.
Bei flachem Wasserstand ragen Blüte und Stiel einige Zentimeter über die Wasseroberfläche hinaus.
<u>Blatt:</u> Oberseite grün, Unterseite rötlich getönt, oval mit gewelltem Rand. Durchmesser je nach Wasserstand 17 bis 28 cm. Blattlappen stehen auseinander.

'Froebeli'

Auf anhaltend schlechtes Wetter reagieren die meisten Seerosen-Sorten deutlich sichtbar mit kümmernden und spärlichen Blüten. Die reichblühende 'Froebeli' dagegen läßt sich davon überhaupt nicht beeinflußen. Auch bei kühler Witterung blüht sie zuverlässig weiter. Gezüchtet wurde diese schöne Sorte von Otto Froebel, Zürich.
<u>Blüte:</u> Karminrot, kelchförmig, Durchmesser 10 bis 12 cm, 10 bis 20 Blütenblätter, Staubfäden zinnoberrot, Staubbeutel gelb. Kelchblätter weiß, kräftig rot gestreift.
Die Blüte, die ein wenig über die Wasseroberfläche hinausragt, öffnet sich nie ganz. Bis zum Abend bleibt sie halbgeöffnet, während die Kelchblätter weit geöffnet sind.
<u>Blatt:</u> Im Jugendstadium rötlich, dann grasgrün, herzförmig. Die Blattlappen stehen auseinander.

Nymphaea 'Hermine', gedeiht auch im Halbschatten.

Nymphaea 'Froebeli' blüht auch bei kühler Witterung zuverlässig weiter.

'Gonnère'

Mit ihren über 60 Blüten-
blättern zählt diese weiße
Seerose zu den doppelt-
gefüllten Sorten.
Wegen der kugelförmigen
Blüte nennt man sie auch
»Snowball«. Aufgrund
ihrer schneeweißen Farbe
wird sie auch »Chrystal
White« genannt.
Gezüchtet und im Jahre
1914 eingeführt wurde sie

von Marliac. Leider ist sie
im Handel manchmal
schwer zu bekommen.
Blüte: Reinweiß, voll aufgeblüht ähnelt sie einer
gefüllten Pfingstrose,
Durchmesser 14 bis 16
cm. Die mehr als 60 spitz-
zulaufenden, dichtstehen-
den Blütenblätter um-
schließen die breiten goldgelben Staubblätter. Un-
terseite der Kelchblätter
intensiv olivgrün.

Blatt: Erbsengrün, Durch-
messer im Vergleich zu
anderen Sorten auffallend
gering. Insgesamt ist das
Laub deutlich heller als
das der meisten anderen
Sorten. Die Blattlappen
liegen bis zur Mitte des
Blatteinschnittes übereinander.
Hinweis: Die Sorte kann
man gut als Schnittblume
verwenden, sie hält sich
recht lange.

*Nymphaea 'Gonnère',
eine doppeltgefüllte
Sorte.*

43

Nymphaea 'Moorei' duftet angenehm.

Nymphaea odorata var. rosea.

'Moorei'

Wie alle gelb blühenden und orangeroten Sorten braucht diese Seerose einen sehr sonnigen Platz. Diese Vorliebe verdankt sie einem Elternteil, der aus Mexiko stammt (*Nymphaea mexicana/flava*).
Kultiviert wurde diese farbkräftigste aller gelben Sorten im Botanischen Garten von Adelaide, Australien, im Jahre 1910.
<u>Blüte:</u> Chromgelb, schalenförmig, Durchmesser 14 bis 16 cm, angenehm duftend. Die Blüte ragt einige Zentimeter über die Wasseroberfläche hinaus. Die inneren Blütenblätter sind dunkler als die äußeren, die in nach innen gekrümmte Spitzen auslaufen. Staubblätter goldgelb, sie heben sich deutlich von der Farbe der Innenblätter ab.
<u>Blatt:</u> Dunkelgrün, Oberseite unregelmäßig purpurn gefleckt, die Unterseite weist eine einheitlichere Zeichnung auf, Durchmesser etwa 20 cm. Die Blattlappen stehen auseinander.

Nymphaea odorata var. rosea

Die in einem Tal im Osten der USA entdeckte natürliche Hybride gehört zu den am feinsten duftenden Arten.
Ein besonderes Merkmal dieser Hybride ist es, daß sie ihre Kelchblätter weit geöffnet hält, nachdem die Blüte sich geschlossen hat.
Diese Eigenschaft hat sie auf viele Sorten übertragen, die aus ihr hervorgegangen sind.
<u>Blüte:</u> Zartrosa, zur Mitte hin rotrosa, sternförmig Durchmesser 10 bis 12 cm, fein duftend. Schmale leicht nach außen gebogene Blütenblätter, die oben spitz zulaufen. Dichtstehende Staubblätter mit gelben Staubbeuteln.
<u>Blatt:</u> Im Jugendstadium bronzegrün, dann einheitlich grün mit rötlicher Unterseite. Die Blattlappen stehen auseinander.

Nymphaea odorata 'Fire Crest'.

Nymphaea odorata 'Fire Crest'

Passender könnte ihr Name gar nicht sein, denn wie ein »Feuerschopf« leuchten die feurig orangeroten Staubblätter aus den zart gefärbten Blütenblättern heraus.
Gleich zu Beginn der »Seerosensaison« zeigt diese schöne Sorte ihre ersten Blüten und blüht zuverlässig den Sommer über weiter. Selbst anhaltend schlechtes Wetter kümmert sie nicht, sie bringt auch dann alle 3 bis 4 Tage eine neue Blüte hervor.
Blüte: Mittelrosa, schalenförmig, Durchmesser 14 cm, stark duftend. Durch ihre dicht stehenden Blütenblätter wirkt sie wie gefüllt.
Auffällig sind die feurig orangeroten Staubblätter mit ihren roten Spitzen, die sich sowohl von der gelben Narbenscheibe als auch von den rosafarbenen Blütenblättern markant abheben.

Nymphaea 'Newton' ähnelt einer tropischen Seerose.

Blatt: Im Jugendstadium purpurrot, dann mittelgrün, herzförmig, Durchmesser 24 cm.
Die Blattlappen stehen leicht auseinander.
Hinweis: Die Sorte eignet sich gut als Schnittblume.

Nymphaea odorata 'Turicensis'

Wer duftende Blumen mag, liegt mit dieser Seerose richtig, denn ein charakteristisches Merkmal der Sorte ist ihr starker, süßer Duft.
Blüte: Altrosa, sternförmig, Durchmesser etwa 12 cm, stark süß duftend. Die 25 bis 26 schmalen, nach innen gebogenen

Nymphaea odorata 'Turicensis'.

Blütenblätter laufen in pointierte Spitzen aus. Im Alter werden die äußeren Blütenblätter weiß. Staubblätter gelb mit stark gekrümmten Staubbeuteln. Kelchblätter außen rosa gerandet.
Blatt: Anfänglich bronzegrün, später durchgehend grün mit rötlicher Unterseite, Durchmesser bis zu 21 cm. Die Blattlappen liegen bis zur Mitte des Einschnittes übereinander.

'Newton'

Im Jahre 1910 von Marliac eingeführt wurde diese farbenprächtige Sorte, die einer tropischen Seerose sehr ähnelt.

Blüte: Zinnoberrot, auffallend sternförmig, Durchmesser 15 bis 20 cm. Die anfangs weißen äußeren Blütenblätter werden nach und nach dunkler. Bis zu 24 lange, schmale, spitz zulaufende Blütenblätter, die unregelmäßig angeordnet sind. Staubblätter leuchtend hellorange, ungewöhnlich lang. Kelchblätter weiß mit rötlichen Streifen, sie sind leicht nach unten gebogen.
Blatt: Anfangs purpurn gefleckt, später spinatgrün mit roten Punkten an den Rändern, herzförmig. Blatteinschnitt kurz, die Blattlappen stehen weit auseinander.

'Rose Arey'

Mit dieser rosafarbenen Schönheit muß man anfangs etwas Geduld haben. Um ihren vollen Blütenreichtum zu entfalten, braucht sie eine längere Anlaufzeit. Doch dann wird diese nach Anis duftende »Königin« zum besonderen Blickfang im Gartenteich.

In den USA und in England gilt sie als die beste und schönste aller rosafarbenen Sorten.

Gezüchtet und im Jahre 1913 eingeführt wurde sie von dem amerikanischen Züchter Fowler.

Blüte: Lachsrosa, die äußeren Blütenblätter werden an den Spitzen heller, sternförmig, Durchmesser 15 cm, nach Anis duftend. 23 bis 25 lange, schmale, konkave Blütenblätter. Staubblätter orange, an den Enden goldgelb.

Die Blüte steht auf einem dicken olivfarbenen Stiel und ragt stets über die Wasseroberfläche hinaus.

Blatt: Oberseite anfangs bronzegrün, rötlich punktiert, wird dann kräftig grün mit roter Unterseite, fast rund. Die Blattlappen stehen weit auseinander.

Nymphaea 'Rose Arey' duftet nach Anis.

'William Falconer'

Liebhaber roter Seerosen haben an dieser zuverlässig blühenden und anpassungsfähigen Sorte viel Freude. Sie zählt zu den dunkelfarbigsten unter den »Roten«. Gezüchtet und im Jahre 1899 einge-

Nymphaea ' William Falconer'.

führt wurde die Sorte von dem amerikanischen Züchter Dreers, Philadelphia, USA.

Blüte: Rubinrot, tassenförmig, Durchmesser 14 cm. 23 bis 26 Blütenblätter, orangerote Staubblätter, die sich auffallend markant von dem gelben Blütenboden abheben.

Blatt: Anfangs purpurn mit roten Adern durchzogen, dann olivgrün mit rötlichem gewelltem Rand, Durchmesser etwa 20 cm.

Die Blattlappen stehen auseinander.

'Madame Maurice Laydeker'

Gezüchtet wurde diese auffallend schöne rote und reich blühende Sorte von Marliac.

Blüte: Kirschrot, kugelförmig, Durchmesser 10 cm. 18 bis 19 Blütenblätter. Mitunter entwickelt die Pflanze Blüten, die im Farbton heller sind. Staubblätter orange mit gelben Spitzen, dichtstehend. Kelchblätter innen fast weiß mit roten Streifen.

Blatt: Anfangs bronzegrün mit schokoladenbraunen Flecken, später mittelgrün, Durchmesser 20 cm. Die Blattlappen stehen weit auseinander.

'Pink Sensation'

Zu den »jungen« Sorten zählt diese apart gefärbte Seerose, die erst 1964 von dem amerikanischen Züchter Perry D. Slocum eingeführt wurde.

Blüte: Silbrigrosa, zur Mitte hin dunkler wer-

Nymphaea 'Madame Maurice Laydeker'.

dend, sternförmig, Durchmesser bis 20 cm. Blütenblätter bis zu 10 cm lang. Die duftende Blüte erhebt sich hoch über die Wasseroberfläche und bleibt abends lange geöffnet.
Blatt: Oberseite tiefgrün, Unterseite rötlich. Die Blattlappen stehen weit auseinander.

Weitere Sorten

'Fabiola': Sehr blühwillige Sorte, die mitunter mehrere Blüten zur gleichen Zeit hervorbringt, Blüte kräftig rosa, zur Mitte hin dunkler werdend, kugelförmig.

'Karl Epple': Pfirsichrosafarbene in Deutschland kultivierte Sorte. Grasgrüne Blätter mit blutroter Unterseite.

'Granat': Dunkelrote Blüte, die große gelbe Narbenscheibe ist von einem Doppelring dicht stehender Staubblätter mit gelben Spitzen umschlossen.

'Paul Harriot': Entwickelt ein faszinierendes Farbspiel; sie beginnt cremegelb aufzublühen, wird dann zur Mitte hin pfirsichrosa, wechselt am dritten Tag zu kupferrosa, um schließlich mit einem rötlichen Ton zu verblühen. Warmer Standort wichtig! Als Schnittblume geeignet. Die Sorte wurde 1905 von Marliac eingeführt.

Nymphaea 'Pink Sensation', die duftende Blüte ragt über den Wasserspiegel und bleibt abends lange geöffnet.

Blütenträume für tieferes Wasser

Die hier vorgestellten Sorten passen am besten in einen größeren Teich (mehr als 6 m²) mit entsprechender Tiefe. In kleinere Teiche sollte man nur eine einzelne Pflanze setzen, da sonst die Wasseroberfläche in kürzester Zeit mit Blättern überdeckt wäre. Man rechnet pro Pflanze eine Ausbreitungsfläche von etwa 2 m².

'Escarboucle'

Bevor Fachleute sich für eine Sorte begeistern, muß sie schon viele Vorzüge aufweisen. Die 'Escarboucle' tut es. Sie gilt nicht nur als die schönste aller rotblühenden Seerosen, sondern wurde auch aus gärtnerischer Sicht mit der höchsten Benotung »vorzügliche Sorte« ausgezeichnet. Bietet man dieser reichblühenden Seerose optimale Wachstumsbedingungen, entwickelt sie sich zu einer beeindrukkenden Blütenschönheit.

Leider läßt sie sich schwer vermehren, da ihre Rhizome nur langsam neue Triebe bilden. Dies mag der Grund dafür sein, warum sie manchmal dem Handel in nicht ausreichender Anzahl zur Verfügung steht.

<u>Blüte:</u> Karmin- bis rubinrot, sternförmig, Durchmesser bis zu 25 cm, angenehm würzig duftend. Innere Blütenblätter kleiner als die äußeren, die spitz zulaufen. Staubfäden zinnoberrot mit leuchtend gelben Staubbeuteln. Kelchblätter innen weiß mit roten Streifen.
Die Blüte bleibt bis zum Eintritt der Dunkelheit weit geöffnet.

<u>Blatt:</u> Anfangs kupferfarben, später fast blaugrün, Durchmesser bis zu 35 cm. Die Blattlappen liegen bis zur Hälfte des Einschnitts übereinander.

'Masaniello'

Blütenreichtum und Wuchskraft bietet diese Sorte, die mehr Schatten verträgt als viele andere Seerosen.

<u>Blüte:</u> Tiefrosa, reichlich mit karminfarbenen Strichen gesprenkelt, die zur Mitte hin intensiver und dunkler werden, Durchmesser 13 bis 15 cm, süßlich duftend. 27 bis 28 Blütenblätter, Staubblätter bernsteingelb. Kelchblätter innen weiß. Die Blüte schließt sich nie ganz. Bei geringer Tiefe ragen Blät-

Nymphaea 'Escarboucle' bleibt bis zum Eintritt der Dunkelheit weit geöffnet.

Nymphaea 'Masaniello' duftet süßlich.

Nymphaea 'James Brydon', robust und schön.

ter und Blüten über die Wasseroberfläche hinaus. <u>Blatt:</u> Dunkelgrün mit rötlichem Rand, Durchmesser 22 cm. Die Blattlappen stehen kaum auseinander.

'James Brydon'

Wie die 'Escarboucle' (→ rechts) zählt diese Sorte zu den schönsten Seerosen. Auch sie erhielt vom Arbeitskreis Wasserpflanzen (→ Seite 59) das höchste Prädikat »vorzügliche Sorte«. Ihr Blütenreichtum und ihre Anpassungsfähigkeit sind erstaunlich groß. Selbst bei nicht ganz optimalen Wachstumsbedingungen gedeiht sie gut.

Gezüchtet und im Jahre 1900 eingeführt wurde diese wüchsige Sorte von dem amerikanischen Züchter Greer. <u>Blüte:</u> Kirsch- bis scharlachrot, kugelig (erinnert an eine gefüllte Pfingstrose), Durchmesser 13 bis 15 cm. Durch die dichte Anordnung der breiten, leicht nach innen gekrümmten Blütenblätter wirkt die Blüte wie gefüllt. Staubblätter orangegelb, Narbe feuerrot. Kelchblätter innen karminrosa gestreift, die Außenseite hat einen fast metallischen Glanz. <u>Blatt:</u> Rötlich-grün, im Jugendstadium rötlich gefleckt, Durchmesser 20 cm. Die Blattlappen

überlappen am Einschnitt und stehen wenig auseinander. <u>Hinweis:</u> Als Schnittblume gut geeignet.

'Princess Elizabeth'

Bestechend schön ist diese aus England stammende Sorte, die 1934 von dem Züchter Perry eingeführt wurde und bei uns bestens gedeiht. <u>Blüte:</u> Zyklamen-pfirsichrosafarben, rötlich gestreift, dunkelt im Alter nach, trichter- bis sternförmig, Durchmesser 15 cm, stark duftend. Blütenblätter schmal mit geschwungenen Spitzen, Staubblätter goldgelb.

Nymphaea 'Princess Elizabeth' duftet stark.

Die Blüte bleibt tagsüber sehr lange geöffnet, die Kelchblätter sind dabei oft nach unten gebogen. Die Blüte bleibt tagsüber sehr lange geöffnet. <u>Blatt:</u> Oberseite grasgrün, Unterseite rötlich, Durchmesser bis zu 25 cm. Blattlappen liegen an der Basis übereinander.

Nymphaea marliacea 'Albida'

Formvollendet und wunderschön ist diese weiße Hybride, die sich auch für Gartenteiche eignet, die nicht ganz optimale Wachstumsbedingungen für Seerosen bieten. Wie viele *Marliacea*-Hybriden bringt sie auch an weniger guten Standorten ihre duftigen Blüten hervor. Diese zuverlässige, reichblühende und starkwüchsige Sorte wurde von Marliac gezüchtet und bereits 1880 eingeführt.
Blüte: Weiß, tassenförmig, Durchmesser 13 bis 15 cm, schwach duftend. Blütenblätter spatelartig, an der Basis oft leicht rötlich überzogen, Staubblätter leuchtend gelb mit herausstehenden, nach außen gebogenen Spitzen. Innenseite der Kelchblätter wachsweiß, Außenseite bronzegrün.
Blatt: Oberseite grasgrün, Unterseite purpurfarben, Blattrand rötlich, Durchmesser bis zu 25 cm. Die Blattlappen stehen auseinander.

Nymphaea tuberosa 'Richardsonii'

Eine nicht allzu blühwillige Seerose, die aber die Anzahl ihrer Blüten in den Monaten August und September sichtbar steigert. Auffallend und besonders schön bei dieser Sorte ist das glänzend grasgrüne Laub.
Blüte: Reinweiß, kugelig bis schalenförmig, Durchmesser 15 bis 18 cm. Mittelbreite stumpf zulaufende Blütenblätter, Staubblätter blaß- bis zitronengelb. Außenseite der Kelchblätter erbsengrün. Durch die Anordnung ihrer Blütenblätter und durch die Eigenart, daß sie sich selten ganz öffnet, wirkt die Blüte wie gefüllt.
Blatt: Oberseite und Unterseite glänzend grasgrün, stark geädert, Durchmesser 25 cm. Die Blattlappen stehen auseinander.

Nymphaea tuberosa 'Richardsonii'.

Nymphaea odorata 'Rosennymphe'

Reichblühend, wuchskräftig und sehr anpassungsfähig ist diese formvollendete Hybride mit dem hübschen Namen.
Sie gedeiht auch gut in flacheren Gewässern.

Aufgrund ihrer hervorragenden Eigenschaften bekam sie vom Arbeitskreis Wasserpflanzen (→ Adressen, Seite 59) das Prädikat »vorzügliche Sorte«. Gezüchtet und im Jahre 1911 eingeführt wurde diese Hybride von dem deutschen Züchter H. Junge.
Blüte: Zeigt ein faszinierendes Farbverhalten: beim Aufblühen ist die Blüte kräftig rosa, das zu hellrosa übergeht, beim Verblühen wird sie weiß. Blüte flach trichterförmig, Durchmesser 12 bis 14 cm, duftend. Blütenblätter mittelbreit, Kelchblätter etwas schmaler, Staubblätter und Blütenboden goldgelb.

Nymphaea marliacea 'Albida'.

Nymphaea odorata 'Rosennymphe'.

Nymphaea 'Madame Wilfron Gonnère'.

Nymphaea 'Amabillis' braucht viel Platz.

Bei flacherem Wasserstand ragt die Blüte einige Zentimeter über die Wasseroberfläche hinaus.
<u>Blatt:</u> Im Jugendstadium pflaumenrot, später bräunlich grün, gewellter Blattrand, herzfömig, Durchmesser 18 cm, Die Blattlappen stehen weit auseinander.
<u>Hinweis:</u> Als Schnittblume geeignet, hält recht lange.

'Madame Wilfron Gonnère'

Eine Sorte , die viele hervorragende Eigenschaften besitzt. Mit ihren dicht stehenden Blütenblättern erscheint die Blüte wie gefüllt.
<u>Blüte:</u> Rosa, zu den Spitzen hin hellrosa, kugelförmig, Durchmesser bis zu 16 cm. 31 bis 32 breite, stumpf zulaufende Blütenblätter, Staubblätter zinnoberfarben mit gelben Staubbeuteln. Außenseite der Kelchblätter hell- bis mittelgrün, Innenseite weiß mit roten Streifen. Die Blüte bleibt tagsüber lange geöffnet.

<u>Blatt:</u> Grasgrün, fast kreisrund, Durchmesser 21 cm. Die Blattlappen stehen übereinander.
<u>Hinweis:</u> Hält sich als Schnittblume sehr lange, dazu trägt vermutlich ihr ungewöhnlich dicker Blütenstiel bei.

'Amabillis'

Diese sehr schöne, aber starkwüchsige Sorte kann ihre ganze Schönheit nur zur Geltung bringen, wenn sie ausreichend Platz hat. Sie ist deshalb nur für größere Teiche zu empfehlen. Ihr walzenförmiges Rhizom, das sich verzweigt ausbreitet,

benötigt eine größere Fläche, damit sich Blüten und Blätter voll entwickeln können.
<u>Blüte:</u> Lachsfarben, im Alter silberrosa, flach sternförmig, Durchmesser 17 cm, leicht duftend. Die an der Basis breiten Blütenblätter laufen in schroffen Spitzen aus, Staubblätter gelb bis rotorange. Die Blüten bleiben tagsüber lange geöffnet.
<u>Blatt:</u> Im Jugendstadium dunkelrot, später dunkelgrün, rundlich bis herzförmig, Durchmesser 25 cm. Die Blattlappen sind tief eingeschnitten und laufen spitz zu.

'Sioux'

Fast exotisch wirkt diese Seerose, wenn sie in voller Blüte über dem Wasserspiegel steht. Sie braucht unbedingt einen warmen sonnigen Standort. Wichtig ist auch, daß sie nicht bei kühler Witterung gepflanzt wird, sie wächst sonst schlecht an. Gezüchtet und im Jahre 1908 eingeführt wurde diese schöne Sorte von Marliac.

<u>Blüte:</u> Farben wechseln von Hellgelb zu Orange, über Karminrosa zum leichten Kupferrot, sternförmig, Durchmesser 10 bis 15 cm. 18 bis 19 Blütenblätter, die in nach innen gebogene Spitzen auslaufen. Sehr viele Staubblätter, die dichtgedrängt stehen und sich in mehreren Ringen aus dem kräftig gelben Blütenboden erheben. Die Blüte steht über der Wasseroberfläche. Blatt- und Blütenstiele sind ungewöhnlich stark und von rötlicher Farbe.

<u>Blatt:</u> Oberseite mittelgrün mit schokoladenfarbenen Flecken gesprenkelt, Unterseite rostrot, rundlich, Ränder gewellt, Durchmesser 18 bis 20 cm, Die Blattlappen gehen bereits an der Blattbasis auseinander.

Nymphaea 'Sioux' , eine farbenwechselnde Sorte, die sich nur an einem warmen, sonnigen Standort wirklich wohlfühlt

Nymphaea marliacea 'Chromatella'.

Nymphaea marliacea 'Rosea'.

Nymphaea marliacea 'Chromatella'

Von den gelben Sorten ist diese cremegelbe Hybride, am weitesten verbreitet. Sie gilt auch als die wüchsigste unter den Gelben, allerdings braucht sie optimale Wachstumsbedingungen. Dazu gehört vor allem ein sonniger Platz. Gezüchtet und bereits im Jahre 1887 eingeführt wurde sie von Marliac, der eine ganze Reihe von Marliacea-Hybriden schuf.
<u>Blüte:</u> Cremegelb, schalenförmig, Durchmesser 15 bis 18 cm, leicht duftend. 25 bis 28 breite, leicht nach innen gekrümmte Blütenblätter, äußere Blütenblätter blaßgelb und leicht rosa überzogen, Staubblätter und Narbe tiefgelb.
<u>Blatt:</u> Dunkelgrün, anfangs braun marmoriert, rötlicher Rand, kreisförmig, Durchmesser 23 cm. Blattlappen stehen auseinander.
<u>Hinweis:</u> Das knollenartige Rhizom, an dem Blätter und Blüten später sehr dicht wachsen, sollte öfters geteilt werden.

Nymphaea marliacea 'Rosea'

Eine sehr zuverlässige, reichblühende Sorte, die 1879 als erste farbige Hybride von Marliac kultiviert wurde.
<u>Blüte:</u> Zartrosa, das zur Mitte hin kräftiger wird, tassenförmig, Durchmesser 18 cm, stark duftend. Blütenblätter breit und nach innen geschweift, Staubblätter goldgelb. Kelchblätter innen kräftig rosa. Die Blüte bleibt lange geöffnet.
<u>Blatt:</u> Anfangs purpurn, dann dunkelgrün mit rötlichem Rand, Unterseite im Jugendstadium rot, dann rötlich schimmernd, Durchmesser 25 cm. Die Blattlappen stehen auseinander.

Weitere Arten und Sorten

<u>*Nymphaea odorata*</u>: Eine reinweiß blühende Wildart (Beschreibung → Seite 37).

'Candidissima': Cremeweiße, kelchförmige Blüte mit einem Durchmesser von 13 cm, Kelchblätter an der Basis leicht rötlich, grünes rundliches Blatt mit gewelltem Rand.
'Conqueror': Reichblühende Sorte, deren weinrote Blüten lange geöffnet bleiben. Kelchblätter weiß mit roten Streifen.
'René Gérard': Reichblühende, zuverlässige Sorte mit karminroten sternförmigen Blüten, die außen hell panaschiert sind. Die Blütenblätter sind in der Mitte gefaltet und nach innen gekrümmt, Blatt glänzend grasgrün, Blattlappen gehen auseinander, sind an der Basis wie ein »V« gestaltet.

Prachtvolle Blüten für tieferes Wasser

Ideal für die hier vorgestellten Sorten ist eine Pflanztiefe von mehr als 1 m. Die Erfahrung hat jedoch gezeigt, daß sie auch in etwas flacherem Gewässer gut gedeihen. In jedem Fall aber muß man beachten, daß diese Sorten sehr starkwüchsig sind und daher pro Pflanze eine Wasserfläche von 3 bis 4 m² zum Ausbreiten benötigen.

Nymphaea 'Charles de Meurville'.

'Anna Epple'

Bei dieser schönen Seerose ist nicht nur das Rosa ihrer Blütenblätter kräftig, sondern auch ihr Wuchs. Sie fühlt sich auch in Pflanztiefen von 70 bis 100 cm wohl.
Die Sorte wurde von Ernst Epple in Süddeutschland gezüchtet und 1975 eingeführt.
Blüte: Kräftig rosa, behält auch beim Verblühen den Farbton bei, tassenförmig, Durchmesser 14 bis 16 cm. 25 bis 26 breite, stumpf zulaufende Blütenblätter, dichtstehende, lange, herausragende rosafarbene Staubfäden mit goldgelben Staubbeuteln. Die Innenseite der Kelchblätter, die kleiner sind als die Blütenblätter, ist rötlich gestreift, die Außenseite rötlich braun. Die Blüte steht auf einem dicken Stiel.
Die Einzelblüte blüht sehr lange, manchmal bis zu 2 Wochen.

Blatt: Anfangs rötlich, dann grün, rund mit einer pointierten Spitze, Durchmesser etwa 23 cm. Die Blattlappen stehen auseinander.
Hinweis: Als Schnittblume gut geeignet.

'Charles de Meurville'

Eine starkwüchsige Sorte, die von Ende Mai bis zum Eintritt des ersten Frosts blüht. Eingeführt wurde diese sehr großblumige Sorte von Marliacs Nachfolger im Jahre 1931.

Nymphaea 'Anna Epple' wurde 1975 eingeführt.

Blüte: Pflaumenfarben, mit heller werdenden Spitzen, im Alter wird die Blüte in der Mitte weinrot, Durchmesser mehr als 20 cm. Blütenblätter lang, schmal und konkav, Staubblätter orangefarben, mit deutlich nach außen gebogenen Spit-

Nymphaea 'Colonel A. J. Welch'.

zen. Innenseite der Kelchblätter weiß-rot gestreift. Die Blattlappen stehen auseinander.
Blatt: Grasgrün, länglichrund, leicht zugespitzt, Ränder gewellt (ähnelt Lotosblumenblättern), Durchmesser 30 bis 35 cm. Die Blattlappen stehen auseinander.

'Colonel A. J. Welch'

Etwas ganz Besonderes hat diese Sorte zu bieten. Unter den gelben winterharten Sorten ist sie bislang die einzige, die manchmal an Fruchtständen voll entwickelte, bewurzelte Jungpflanzen ausbildet. Ende August/ Anfang September kann man die eigenständigen lebensfähigen Pflänzchen von der Mutterpflanze abtrennen und einpflanzen. Kultiviert wurde die Sorte von Marliac.

<u>Blüte:</u> Leuchtend kanariengelb, sternförmig, Durchmesser 18 cm. Blütenblätter schmal, lang, mit nach innen gebogenen Spitzen, Staubblätter goldgelb. Die Blüte ragt knapp über die Wasseroberfläche hinaus.

<u>Blatt:</u> Im Jugendstadium hellgrün und braun gefleckt, später mittelgrün, Blattstiel rot. Die Blattlappen stehen auseinander.

<u>Hinweis:</u> Als Schnittblume geeignet.

'Rembrandt'

Ihre wahre Schönheit entwickelt diese Sorte am besten in größeren Teichen.

<u>Blüte:</u> Johannisbeerfarben, mit heller werdenden Spitzen und dunkleren Streifen, äußere Blütenblätter fast weiß und rötlich gestrichelt, sternförmig, wirkt gefüllt, Durchmesser bis 18 cm. Staubblätter orangefarben mit gelben Spitzen. Innenseite der Kelchblätter olivgrün.

<u>Blatt:</u> Oberseite anfangs kupferfarben, später dunkelgrün, Unterseite rötlich mit verzweigten Adern, rundlich. Die Blattlappen stehen leicht auseinander.

Nymphaea 'Rembrandt' eignet sich am besten für größere Teiche, wo sie sich ungehindert ausbreiten kann

Nymphaea tuberosa 'Pöstlingberg'

Ihre riesigen bis zu 25 cm großen Blüten entwickelt diese Sorte erst in Pflanztiefen von mehr als 100 cm, sie kann sich auch an niedrigeren Wasserstand anpassen. Die Blüten werden dort in der Regel jedoch nicht ganz so groß. Entdeckt wurde diese wuchskräftige Hybride von W. Buggele in einem in der Nähe von Linz (Oberösterreich) gelegenen See. Da dieser See auf dem Pöstlingberg liegt, gab er der Seerose den Namen des Berges.
Blüte: Reinweiß, tassenförmig, Durchmesser bis zu 25 cm. Blütenblätter breit, Staubblätter goldgelb. Innenseite der Kelchblätter lichtgrün.
Blatt: Beiderseits grasgrün, rundlich, Durchmesser bis zu 50 cm. Die Blattlappen liegen übereinander.
Hinweis: Als Schnittblume gut geeignet.

'Pöstlingberg' ist als Schnittblume gut geeignet.

'Fritz Junge'

Noch nicht sehr verbreitet ist die von Fritz Junge in Deutschland eingeführte Hybride. Es ist eine reichblühende Sorte, die ihre Blüten so lange wie keine andere Seerose bis zum Dunkelwerden offen hält.
Blüte: Im Zentrum dunkelkarmesinrosa nach außen heller werdend, sternförmig, Durchmesser 20 cm, nach Anis duftend. Blütenblätter mit speerähnlichen Spitzen, strahlenkranzartig angeordnet, dichtstehende orangerote Staubblätter, die in hakenförmige nach außen gebogene goldgelbe Spitzen auslaufen. Außenseite der Kelchblätter olivgrün.
Blatt: Oberseite anfangs braunrot, dann mittelgrün, Unterseite rot, Durchmesser 30 cm, Die kurzen Blattlappen stehen weit auseinander.

'Attraction'

Diese Seerose wird leicht mit anderen Sorten verwechselt, da sich ihre sortentypische Farbe erst im Laufe der Zeit entwickelt.
Blüte: In den ersten Jahren verwaschen rötlich, je älter sie wird, desto mehr verstärkt sich die Intensität der Farbe, sternförmig, Durchmesser bis 20 cm, leicht duftend. Die Blütenblätter an den Enden weiß gesprenkelt, äußere Blütenblätter dunkelweiß mit granatroten Streifen.

Staubblätter mahagonifarben mit goldgelben Staubbeuteln. Kelchblätter weiß mit einem Hauch Rosa.

Blatt: Kräftig grün, fast kreisrund, Durchmesser etwa 35 cm. Kurzer Blatteinschnitt, die Blattlappen gehen auseinander.

Weitere Sorten

Nymphaea alba: Einheimische Wildart, die es im Handel zu kaufen gibt (Beschreibung, → Seite 36).
Nymphaea marliacea 'Carnea': Zu den Dauerblühern gehört diese starkwüchsige Seerose, die ihre Blüten tagsüber sehr lange offen hält. Eingeführt wurde die Sorte vor über 100 Jahren von Marliac.
Ihre nach Vanille duftende Blüte ist hellfleischrosa, Durchmesser bis zu 20 cm. Frisch gepflanzt ist die Blüte fast weiß. Das grasgrüne Blatt mit einem Durchmesser von 30 cm hat einen rötliche Rand wie alle anderen _Marliacea_-Sorten.

Nymphaea 'Attraction' entwickelt ihre Farbe erst im Laufe der Zeit.

Die Blattlappen sind zu zwei Drittel geöffnet.
'Gladstoniana': Enorm stark wachsende Hybride mit weißen Blüten, die einen Durchmesser von 25 cm haben können. Blütenblätter breit, leicht nach innen gebogen, fadenförmige goldgelbe Staubfäden, gras- bis dunkelgrüne Blätter, die doppelt so groß sind wie die Blüten.
'Ernst Epple sen.': Doppelt gefüllte weiße Seerose, die erst 1991 auf den Markt kam. Schalenförmige Blüte mit einem Durchmesser von 20 cm und 54 bis 56 nach innen gebogenen Blütenblättern, gelbe Staubblätter, die breiter sind als bei den meisten anderen Sorten. Innenseite der Kelchblätter erbsengrün.
Nymphaea tuberosa 'Rosea': Im Verhältnis zur Größe ihrer Blätter sind die hellrosa Blüten mit 12 bis 14 cm Durchmesser relativ klein. Die sternförmige, süßduftende Blüte hat bis zu 30 Blütenblätter, die an der Basis auffallend schmal sind und sich nach oben keulenförmig verbreitern. Besondere Merkmale dieser Pflanze sind die roten Längsstreifen auf Blatt- und Blattstielen sowie das Zurückschlagen der Kelchblätter bis zum Stiel bei geöffneter Blüte.
'Hollandia': Die gefüllte karminrosafarbene große Blüte ist sternförmig und duftet. Zu den Spitzen hin werden die 36 bis 37 Blütenblätter heller. Reichblühende Sorte, gut als Schnittblumen geeignet.

Nymphaea 'Fritz Junge' duftet nach Anis.

Nymphaea marliacea 'Carnea'.

ADRESSEN

Kontakte

Seerosen im Gartenteich können zu einem schönen Hobby werden, das zu Kontakten führt, an die man bisher noch gar nicht gedacht hat. So gibt es seit einiger Zeit die »Gesellschaft der Wassergarten-Freunde«, die jedem der mehr über Seerosen wissen will, nur zu empfehlen ist. Der nachfolgende Text einer Einladung zur Mitgliedschaft gibt einen guten Überblick über die Aktivitäten und Ziele der Gesellschaft:

Eine Einladung an alle Wassergarten-Freunde

Wassergärten und Teichanlagen haben heute einen Stellenwert wie nie zuvor. Liebhaber solcher Anlagen haben sich in der **Gesellschaft der Wassergarten-Freunde** zusammengefunden. Diese Vereinigung gehört als deutsche Sektion der **International Water Lily Society** an. Interessierte Hobby- und Berufsgärtner, Botaniker, Pflanzenliebhaber, Gartenarchitekten und Seerosenzüchter aus 25 Ländern gehören dieser Gesellschaft an.

Bei den jährlichen internationalen Symposien stehen unter anderem folgende Themen auf dem Programm:
• Aktuelle Vorträge über Sumpf- und Wasserpflan-zen, deren Verwendung, Haltung und Nützlichkeit,
• Besichtigung einschlägiger Betriebe und Gärtnereien,
• Besuch von Hausgärten mit schönen Wasseranlagen,
• Einblick in die Arbeit von Instituten und Botanischen Gärten,
• Begehung von öffentlichen Parks mit Gewässer- und Teichanlagen oder Wasserbecken,
• Ausflüge in schöne Landschaften mit Besichtigung von Sehenswürdigkeiten.

Man gewinnt neue Eindrücke, lernt Land und Leute kennen und gewinnt Anregungen zum eigenen Nutzen.

Was bietet Ihnen die Mitgliedschaft in der **Gesellschaft der Wassergartenfreunde**?
• Regionale Treffen mit Vortragsveranstaltungen und Besichtigungen zur Vertiefung anzusprechender Themen im Bereich Wassergarten und Teiche,
• Erfahrungsaustausch mit gleichgesinnten Wassergarten-Freunden,
• Kontakt zu versierten Wasserpflanzengärtnern,
• Rat bei Problemen im Wassergarten,
• Bezug des zweimal im Jahr erscheinenden **Wassergarten-Journals** mit Beiträgen über folgende Themenkreise:
– Verwendung, Kultur und Haltung von Seerosen und anderen Pflanzen im und am Wasser,
– Erfahrungsberichte über Teichbau und Wassertechnik,
– Forschungs- und Züchtungsergebnisse,
– Empfehlungen für die Haltung von Fischen und anderen Tieren im und am Wasser,
– Sortenklassifizierung von Seerosen nach dem neuesten Stand,
– Informationen über die Aktivitäten der International Water Lily Society.

Haben wir Ihr Interesse geweckt? Wenn ja, dann sollten Sie bei uns Mitglied werden.

Der Beitrag beträgt jährlich DM 60,–. Für Familien DM 90,–. (Stand 1992) Beantragt werden kann die Mitgliedschaft bei der Gesellschaft der Wassergarten-Freunde,
Karl Wachter,
Wendenhofsiedlung 8,
D-8411 Walderbach/Opf.

Seerosen-Bezugsquellen

Gartenfachhandel, Gartencenter, Wassergartengärtnereien, Pflanzenversender, Großmärkte und Zoofachhandlungen (mit Gartenabteilung) bieten Seerosen an.

Oft jedoch kennt man die nächstgelegene Einkaufsquelle nicht oder sucht eine ganz bestimmte Sorte. Hier hilft der Bund Deutscher Staudengärtner weiter. Dort können Sie eine Liste anfordern, aus der Sie die Adressen der in Ihrer Nähe liegenden Gärtnereien oder Gartencenter ersehen können. Daraus geht auch hervor, welche Betriebe einen Versand oder Direktverkauf an Privatkunden vornehmen.

Tip: Sollte der Betrieb die gewünschte Sorte nicht vorrätig haben, so können Sie darum bitten, sie bei einem Betrieb zu ordern, der keinen Privatversand durchführt. In der Regel wird man versuchen, Ihre Wünsche zu erfüllen.

Anfordern können Sie die BDS Mitgliederliste beim Bund Deutscher Staudengärtner im Zentralverband Gartenbau, Geschäftsstelle: Gießener Straße 47, 6310 Grünberg 1.

Legen Sie Ihrer Anforderung am besten einen bereits an Sie adressierten und frankierten Rückumschlag (DIN A 5) bei.

Arbeitskreis Wasserpflanzen

In den Seerosen-Beschreibungen (→ Seite 43 bis 57) wird bei einigen Sorten erwähnt, daß der Arbeitskreis Wasserpflanzen sie mit einem Prädikat (zum Beispiel »vorzügliche Sorte«) ausgezeichnet hat. Beim Arbeitskreis Wasserpflanzen handelt es sich um eine Arbeitsgemeinschaft im Bund Deutscher Staudengärtner, der nur kommerzielle Mitglieder angeschlossen sind. Privatpersonen können dort also nicht Mitglied werden.

Falls Sie jedoch einmal eine besondere Frage in Sachen Seerosen haben, können Sie sich durchaus an den Arbeitskreis wenden. Die Kontaktadresse lautet:
Gärtnerei Germann (GbR W), Am Rübsamenwühl, 6720 Speyer

Mehr Freude am Gartenteich.
Mit GU.

REGISTER

Biogärtnern – leicht gemacht.

Stand: 1.1.1993. Änderungen und Irrtum vorbehalten.

Literatur

Bücher, die weiterhelfen
Jansen, A.: *Pflanzen für den Gartenteich.* Gräfe und Unzer Verlag, München
Stadelmann, P.: *Der Bach im Garten.* Gräfe und Unzer Verlag, München
Stadelmann, P.: *Der Große GU Ratgeber Gartenteich.* Gräfe und Unzer Verlag, München
Stadelmann, P.: *Der Gartenteich.* Gräfe und Unzer Verlag, München
Wachter, K.: *Der Wassergarten.* Eugen Ulmer Verlag, Stuttgart
Wilke, H.: Der Naturteich im Garten. Gräfe und Unzer Verlag, München

Zeitschriften, die weiterhelfen

Gartenpraxis. Verlag Eugen Ulmer GmbH & Co., Postfach 700561, 7000 Stuttgart 70
FLORA. Gruner + Jahr AG & Co., Postfach 110011, 2000 Hamburg 11
mein schöner Garten. Verlag Burda GmbH, Hauptstraße 130, 7600 Offenburg
Kraut und Rüben. BLV Verlagsgesellschaft mbH, Lothstraße 29, 8000 München 40

Die Fotografen:

Becker: Seite 3 o., 13, 18/19; Griehl: Seite 9; Müller: Seite 24/25, 25 re.u.; Petrowsky: Seite 37 u., 39 u.li., u.re., 41 o.li., o.re., 43 u., 44 u., 45 u., 46 u.re., 49 u., 50 u.li., 57 u.re.; Reinhard: Seite 43 o.; Sammer: Seite 31, 32; Schlaback-Becker: Seite 34/35; Tessenow: Seite 36; Wothe: Seite 5, Strauß: alle übrigen Fotos.

Die deutsche Bibliothek – CIP-Einheitsaufnahme
Petrowsky, Egon:
Seerosen für den Gartenteich: Glütenpracht für große und kleine Teiche; Experten-Rat für Kauf, Pflege, Vermehrung; mit Tips für 83 winterharte Sorten /
Egon Petrowsky. – München:
Gräfe und Unzer, 1993
  GU-Pflanzen-Ratgeber
  ISBN 3-7742-1792-0

1. Auflage 1993
© 1993 Gräfe und Unzer GmbH, München
Redaktionsleitung:
Hans Scherz
Stellvertretende Redaktionsleitung:
Renate Weinberger
Lektorat:
Christiane Gsänger
Produktion:
Johannes Schmidt-Thomé
Zeichnungen:
Marlene Gemke
Umschlaggestaltung:
Heinz Kraxenberger
Satz und Herstellung:
Michael Bauer
Repro: Czech
Druck: Pera
Bindung: R. Oldenbourg
ISBN 3-7742-1792-0

Seerosenvielfalt auf einen Blick

Ein Seerosen-Potpourri, das die Far-benvielfalt und die Unterschiede in Form und Größe zeigt.

1 Nymphaea 'Colonel A. J. Welch'
2 Nymphaea 'Attraction'
3 Nymphaea odorata 'Rosennymphe'
4 Nymphaea 'Escarboucle'
5 Nymphaea 'Hermine'
6 Nymphaea tuberosa 'Pöstlingberg'
7 Nymphaea odorata 'Rosea'
8 Nymphaea marliacea 'Chromatella'
9 Nymphaea tuberosa 'Richardsonii'
10 Nymphaea 'Madame Wilfron Gonnère'
11 Nymphaea 'James Brydon'
12 Nymphaea 'Masaniello'
13 Nymphaea marliacea 'Rosea'
14 Nymphaea 'Madame Maurice Laydeker'
15 Nymphaea 'Froebeli'
16 Teichrose, Nuphar lutea
17 Nymphaea pygmaea 'Alba'
18 Nymphaea pygmaea 'Alba'

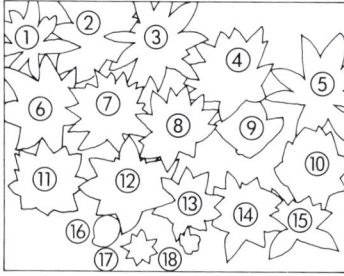